유학생 정주를 위한

고급 한국어 1

유학생 정주를 위한

고급 한국어 1

송현주·홍미주·김예니·강윤희

경북대학교출판부

지은이

송현주
경북대학교 박사(국어학 전공)
현재 경북대학교 국어교육과 부교수
대표 논저: 『외국인을 위한 사전에 없는 진짜 한국어 1』(2020)
『인공지능과 언어 윤리』(2025)

홍미주
경북대학교 박사(국어학 전공)
현재 경북대학교 기초교육센터 강의초빙교수
대표 논저: 「한국어 교재 듣기 자료의 현실발음 실현 양상과 반영 방안」(2022)
「지역 정주를 위한 유학생의 한국어 교육 요구 분석과 교재 구성 방안」(2025)

김예니
경북대학교 박사 수료(국어학 전공)
현재 경북대학교 국제처 강사
대표 논저: 「한국어 학습자를 위한 한국어 현실발음 교육 내용 연구」(2021)
「20세기 신활자본 음식조리서의 맛 표현 연구」(2025)

강윤희
경북대학교 박사 수료(국어교육학 전공)
현재 경북대학교 국제처 강사
대표 논저: 「유튜브를 활용한 새로운 형태의 관용표현 교육 제안」(2022)
「중국 내 초급 한국어 교재의 어휘 적절성 연구」(2024)

유학생 정주를 위한
고급 한국어 1

찍은 날 2026년 2월 10일 • **펴낸 날** 2026년 2월 20일
지은이 송현주, 홍미주, 김예니, 강윤희 • **펴낸이** 허영우 • **펴낸 곳** 경북대학교출판부
출판등록 1973년 10월 10일 ㉯97호 • **주소** 대구광역시 북구 대학로 80 • **전화** 053-950-3830
팩스 053-953-4692 • **이메일** press@knu.ac.kr • **홈페이지** knupress.com
ISBN 978-89-7180-676-0 93710

정가는 뒤표지에 있습니다.
파본은 바꾸어 드립니다.

본 결과물은 2025년도 지역혁신중심 대학지원체계(RISE) 사업을 통해 도출된 성과입니다.

머리말

오늘날 한국 사회는 인구 절벽 위기를 극복하고 지역 경제를 활성화하기 위한 핵심 전략으로 외국인 유학생의 유치와 지역 정주를 강조하고 있습니다. 정부의 'Study Korea 300K Project'와 지역혁신중심 대학지원체계(RISE) 등 정책적 노력에 발맞추어, 유학생들이 학업을 마친 후 지역 공동체의 일원으로 안착할 수 있도록 돕는 실질적인 지원이 그 어느 때보다 절실한 시점입니다.

유학생이 한국 사회에 안정적으로 정주하기 위해 가장 기본이 되면서도 중요한 요건은 수준 높은 한국어 의사소통 능력입니다. 하지만 기존의 한국어 교육은 주로 대학 입학 및 학업 수행이나 표준어 중심의 범용적 교육에 치중되어 있어, 실제 유학생들이 지역 정주 과정에서 마주하는 실질적인 삶의 맥락을 충분히 담아내지 못한다는 한계가 있습니다. 이 책은 이러한 교육적 공백을 메우고, 유학생들이 대구 지역에 안정적으로 정주하는 데 필요한 언어적·문화적 역량을 키워 주기 위해 기획되었습니다.

이 책은 단순한 고급 어휘나 문법 학습을 넘어, 실생활에서의 문제 해결 능력과 공공 영역 및 지역 사회 참여에 필요한 언어적 역량을 함께 기를 수 있도록 설계되었습니다. 또한 대구 지역 유학생들의 요구 분석 결과를 반영하여 다음과 같은 특징을 갖추도록 구성하였습니다.

첫째, 지역에서의 일상생활에 필요한 내용을 다루었습니다. 병원과 약국의 의료 상담과 예약, 계좌 개설 및 예적금 가입 등 은행 업무, 택배 접수와 추적 등 배송 업무, 한국의 주거 유형과 특징에 관한 내용, 이사 및 인테리어와 같은 생활 서비스 등 정주 과정에서 꼭 필요한 일상 영역의 담화를 체계적으로 학습할 수 있도록 하였습니다.

둘째, 지역에서의 공공 생활에 필요한 내용을 포함하였습니다. 공공 안내문과 같은 공공 정보, 행정 복지 센터 및 경찰서와 같은 공공 기관, 임대 및 고용 계약, 비자 및 사회 보험과 같은 법률 및 제도, 다문화 가족 지원 센터 등의 복지 기관에서 필요한 공적 언어를 학습할 수 있도록 하였습니다.

마지막으로, 가급적 실제 담화 상황을 생생하게 담고, 실천적 과제 중심의 학습을 지향하였습니다. 어휘와 문법을 익히는 것에 그치지 않고, 각 담화 상황에서 사용할 수 있는 자연스러운 고급 한국어 표현을 말하기, 읽기, 듣기, 쓰기 활동을 통해 통합적으로 익힐 수 있도록 설계하였습니다.

이 책을 통해 유학생이 대구 지역에 정주하는 데 필요한 고급 한국어를 익히고, 우리 지역의 유학생이 단지 공부만 하고 떠나는 존재가 아니라 지역 사회의 구성원으로서 지역에 실질적으로 기여하는 '실무형 인재'로 성장하기를 바랍니다. 이 책이 출판되기까지 도움을 주신 경북대학교 언어교육센터와 꼼꼼한 교정을 통해 책의 완성도를 높여 주신 경북대학교출판부에 감사드립니다.

2026년 1월

저자들이 함께 씀

차례

유학생 정주를 위한
고급 한국어 1

제1부 일상생활

제1과

병원과 약국

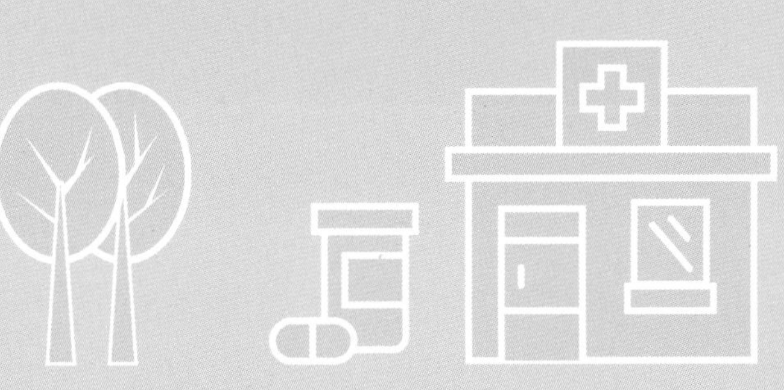

병원과 약국

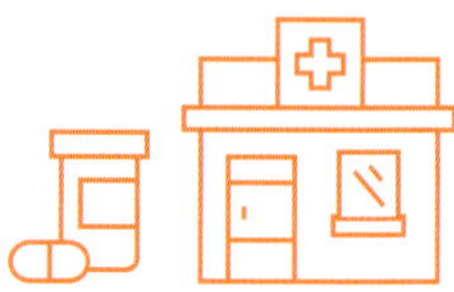

1. 한국에서 병원이나 약국을 이용해 본 적이 있나요? 그때 어떤 점이 가장 기억에 남았나요?
2. 한국의 병원이나 약국 이용 방식이 여러분의 나라와 어떤 차이가 있나요?
3. 외국인으로서 병원 진료나 약국 이용 시 어떤 부분이 가장 어렵다고 생각하나요?
4. 감기에 걸려서 병원에 간다면, 한국어로 증상을 설명할 수 있나요?
5. 여러분은 아플 때 병원에 가지 않고 약국에서 약을 사서 먹는 편인가요, 아니면 보통 병원에 가나요? 그 이유는 무엇인가요?

들어가기

❶ 여러분 나라에서는 병원에 가기 전에 예약을 해야 하나요?
❷ 한국에서 병원에 가기 전에 예약해 본 적이 있나요?
❸ 한국에서 병원 예약을 할 때 어떤 게 필요할까요?

다음 대화를 듣고 답하세요.

1. 두 사람은 무슨 얘기를 나누고 있나요?

① 감기에 좋은 약
② 진료 예약하기
③ 재진에 필요한 것
④ 내과에서 검사하기

2. 이 사람은 왜 병원에 가려고 하나요?

3. 예약할 때 필요한 건 뭐예요?

들어가기 

❶ 치과에 가 본 적이 있나요?
❷ 치과에 갈 때 뭘 준비해야 할까요?
❸ 치과 치료 시 보험이 적용되는 것과 적용되지 않는 것이 뭔지 알고 있나요?

Track 2

다음 대화를 듣고 답하세요.

1. 이 사람은 어디가 아파요?

① 머리
② 송곳니
③ 어금니
④ 앞니

2. 이 사람의 증상은 어때요?

3. 이 사람은 무슨 치료를 받았어요?

들어가기

❶ 한국에서 병원에 가 본 적이 있나요?
❷ 한국 병원과 여러분 나라의 병원을 이용할 때 차이점이 있나요?
❸ 독감에 걸렸을 때는 어떻게 하는 게 좋을까요?

다음 대화를 듣고 답하세요.

1. 이 사람은 왜 병원에 왔나요?

① 배가 아파서
② 감기에 걸려서
③ 다리를 다쳐서
④ 진료 예약을 하러

2. 이 사람의 증상이 아닌 것은 무엇인가요?

① 콧물이 난다.
② 목이 부었다.
③ 몸이 으슬으슬하다.
④ 기침을 한다.

3. 이 사람은 독감에 걸렸나요?

4. 진료 확인서를 받으려면 어떻게 해야 되나요?

다음 예시 대화를 참고해서 다음에 주어진 상황으로 대화를 만들어 봅시다.

1. 산, 가렵고 부풀어 오르다, 피부과, 피부염, 연고를 바르고 약을 먹다
2. 수영장, 눈이 충혈되고 따갑다, 안과, 결막염, 안약을 넣고 항생제를 먹다, 다른 사람과 수건을 같이 쓰지 않도록 하고 전염되지 않도록 주의하다
3. 식당, 속이 메스껍고 복통이 계속되다, 내과, 식중독, 링거를 맞고 약을 먹다, 죽처럼 부드러운 음식을 먹다
4. 교실, 배꼽 주위가 아프다가 오른쪽 아랫배가 아프다, 응급실, 급성 맹장염, 수술, 금식

사용할 문형

❶ **-더라고(요):** 화자가 전에 직접 경험하여 알게 된 사실을 지금 말할 때 쓰는 표현이다.
예 거기에 가 보니까 정말 조용하더라고요.

❷ **-이/가 아니라:** 앞의 내용을 부정하고 뒤를 강조하는 말로, 비교해서 정확히 설명할 때 쓰는 표현이다.
예 가격이 조금 오른 것이 아니라 상당히 많이 올랐다.

❸ **-았/었더니:** 화자의 과거 행동 때문에 새로운 상황이 생겨났음을 설명할 때 쓰는 표현이다.
예 잠깐 쉬었더니 훨씬 나아졌다.

예시

나 어제 산에 갔다온 후에, 오늘 아침에 보니 다리가 엄청 가렵고 빨갛게 부풀어 올랐더라고. 너는 괜찮아?

친구 어? 난 괜찮은데…. 너 벌레 물린 거 아니야?

나 처음엔 그런 줄 알았는데, 한 군데가 아니라 여러 군데가 그렇고 점점 더 가려워져서 오전에 피부과에 다녀왔어.

친구 의사 선생님이 뭐라셔?

나 피부염 같다고 하면서 연고랑 먹는 약을 처방해 주셨어. 아침저녁으로 연고를 얇게 바르고, 약도 3일 정도 먹어야 한대.

친구 좀 좋아진 거 같아? 빨리 나았으면 좋겠다.

나 응, 약 먹고 연고 발랐더니 덜 가려운 거 같아.

한국에서 약국에 가 본 적이 있나요? 다음 질문을 참고해서, 약국 이용 경험에 대해 여러분 나라와 비교해서 이야기해 봅시다.

1. 약국에 갈 때 처방전이 필요한가요?
2. 어떤 약은 약국에서 처방전 없이 살 수 있나요?
3. 약을 사면 약사 선생님께서 어떤 말씀을 해 주시나요?
4. 약값은 비싼 편이에요? 보험이 적용되나요?
5. 약국은 보통 몇 시부터 몇 시까지 해요? 주말이나 공휴일에도 약국이 문을 여나요?

예시

안녕하세요. 저는 인도에서 온 유학생 나디입니다.

저는 지난주에 감기에 걸려서, 한국에서 처음으로 약국을 이용해 보았습니다. 감기가 좀 심했기 때문에 먼저 내과에 갔다가 약국에 갔습니다. 약국에 가서 처방전을 보여 드리니까, 잠시 후에 약사님께서 약을 주셨습니다. 약사님께서는 약은 하루에 세 번, 식사 후에 먹고, 감기에는 따뜻한 물을 자주 마시면 좋다고 하셨습니다.

인도에서는 동네 약국에서 처방전 없이 항생제나 감기약을 사는 경우가 흔합니다. 하지만 한국에서는 항생제나 혈압약 등은 의사의 처방전이 꼭 필요하고, 일반 의약품만 자유롭게 살 수 있어 처음에는 조금 낯설게 느껴졌습니다.

여러분은 예방 접종을 한 적이 있나요? 한국이나 여러분 나라에서 예방 접종을 한 경험을 간단히 메모한 후에 발표해 봅시다.

미도리의 경험

1. 한국에서의 예방 접종 경험

- 장소: 집 근처 병원
- 절차: 접수 → 문진 → 체온 측정 → 접종
- 안내: 주사 맞은 부위가 약간 붓거나 열이 날 수 있음, 하루 휴식 권장

2. 일본과의 비교

- 사전 예약 필요
- 백신 비용 대부분 보험 적용되지 않음, 본인 부담 큼
- 10~11월 예약 경쟁 치열

3. 느낀 점

- 한국 시스템은 접근성과 경제성이 우수함

나의 경험

1. 한국에서의 예방 접종 경험

- 장소:
- 절차:
- 안내:

2. 우리나라와의 비교

-
-
-

3. 느낀 점

-

예시

안녕하세요? 저는 일본에서 온 미도리이고, 경북대학교 컴퓨터 공학과 2학년입니다. 저는 며칠 전에 독감 예방 접종을 하려고 집 근처에 있는 병원에 갔습니다. 병원에서는 접수 후 간단한 문진을 하고 체온을 측정한 뒤, 바로 주사를 맞을 수 있었습니다. 전체 과정이 15분 정도밖에 안 걸렸고, 비용도 비싸지 않았습니다. 의사 선생님은 병원에서 30분 정도 쉬다가 가라고 하셨습니다. 또 주사 부위가 약간 붓거나 열이 날 수 있으니까 하루 정도는 무리하지 말라고 안내해 주셨습니다.

저는 일본에서도 매년 독감 예방 접종을 하는데, 보통 가정의학과나 클리닉에서 사전 예약을 해야 하고, 비용은 한국보다 비싼 편입니다. 그리고 10~11월에는 예약이 빨리 마감되어서 원하는 날짜에 예약하기가 쉽지 않습니다.

그런데 한국에서는 보건소에서도 독감 예방 접종 예약을 할 수 있고, 예약하지 않아도 가까운 병원 어디든 가면 독감 예방 접종을 할 수 있습니다. 이번 경험을 통해 한국의 예방 접종 제도가 접근성과 경제성 면에서 매우 효율적이라는 것을 느꼈습니다.

이비인후과 진료

저는 며칠 전부터 코가 막히고 목이 아프면서, 열이 나는 증상이 있어 집 근처에 있는 이비인후과에 갔습니다. 접수 후에 대기실에서 잠시 기다렸다가 진료실에 가서 의사 선생님을 만났습니다. 선생님께서는 제게 증상을 자세히 물으셨습니다. 진료실에서 귀 안과 목 안을 작은 카메라로 살펴보시더니, 급성 인후염이라고 하셨습니다. 의사 선생님은 약을 처방해 주셨고, 따뜻한 물을 많이 마시고 충분히 쉬라고 말씀하셨습니다. 진료를 받은 후에 처방전을 가지고 병원 바로 옆에 있는 약국에 가서 약을 사서 집에 왔습니다.

1. 이 사람이 병원을 찾은 이유는 무엇인가요?

① 발치를 하려고　② 코 막힘과 목 통증, 발열이 있어서

③ 치통이 심해서　④ 눈이 충혈되어서

2. 의사가 환자에게 권한 것은 무엇인가요?

① 찬물 많이 마시기　② 따뜻한 물 많이 마시기

③ 규칙적으로 운동하기　④ 수술 예약하기

3. 이 사람의 병명은 무엇인가요?

다음 글을 읽고 답해 봅시다.

그림으로 된 복약 정보

한국의 약학정보원(www.health.kr)에서는 의약품 복약 정보를 쉽게 전달할 수 있도록, 픽토그램 복약 정보를 개발해서 서비스하고 있습니다. 픽토그램 복약 정보는 의약품의 제형, 복용법, 보관 방법, 부작용, 상호작용, 주의 사항, 금지 사항 등의 내용을 담고 있습니다. 한국어를 포함하여 영어, 중국어, 일본어, 러시아어, 베트남어로도 제작되어 있어 외국인에게 복약 지도를 할 때에도 활용할 수 있습니다.

쪼개지 마세요

다른 약과 먹지 마세요

공복에 복용하세요

어린이 손에 닿지 않게 하세요

1. 픽토그램 복약 정보에 포함되지 <u>않는</u> 내용은 무엇인가요?

① 의약품 제형과 복용법　② 의약품 보관 방법

③ 복용 시 주의 사항　④ 약국의 운영 시간

2. 픽토그램의 복약 지도에 맞게 약을 먹은 사람은 누구인가요?

① 나는 밥을 먹고 나서 약을 먹었어.

② 나는 아이들 손이 닿지 않는 높은 곳에 있는 서랍에 약을 보관했어.

③ 나는 알약이 너무 커서 가루로 만들어서 먹었어.

④ 나는 평상시에 먹던 비타민C와 이 약을 같이 먹었어.

3. 한국 약학정보원에서는 몇 개국 언어로 픽토그램을 제공하나요?

다음 글을 읽고 답해 봅시다.

축구를 하다가 병원으로

지난 주말에 친구들과 축구를 하다가 상대편 선수와 부딪혔는데, 그때 왼쪽 다리에 심한 통증이 느껴졌습니다. 처음에는 단순한 타박상인 줄 알고 잠시 쉬었다가 다시 뛰려고 했지만, 움직일 때마다 통증이 심해 결국 경기를 중단하고 병원에 갔습니다. 친구가 택시를 불러서 가까운 정형외과에 갔습니다.

병원에서 엑스레이를 찍어 보니 발목뼈에 금이 가 있었습니다. 다행히 큰 수술이나 입원은 필요 없었지만, 의사 선생님은 최소 6주간 깁스를 해야 한다고 하셨습니다. 깁스를 하고 집에 돌아오니, 걷는 게 힘들 뿐만 아니라 일상생활도 어렵습니다. 의사 선생님은 목발 사용법과 재활 운동에 대해 자세히 설명해 주셨습니다. 이번 일을 통해 운동 전 스트레칭을 하고 보호 장비를 착용하는 것이 얼마나 중요한지 알게 되었습니다.

1. 글쓴이가 병원에 간 주된 이유는 무엇인가요?

① 발목 염좌가 생겨서　② 발목뼈에 금이 가서
③ 발가락 부상을 당해서　④ 무릎에 타박상을 입어서

2. 의사가 제시한 치료 방법으로 알맞은 것은 무엇인가요?

① 즉시 수술 후 입원　② 깁스 6주와 재활 운동
③ 파스 부착　④ 하루 휴식 후 운동 재개

3. 글쓴이가 이번 부상을 통해 깨달은 점을 요약해 보세요.

듣기 > 말하기 > 읽기 > **쓰기**

병원과 약국 이용에서 한국과 여러분 나라의 차이에 대한 글을 써 봅시다.

1. 두 나라의 의료를 비교하는 표를 만들어 봅시다.

구분	한국	
보험 제도		
진료 체계		
의료비/재정		
의료 접근성		
공중 보건		

2. 여러분이 작성한 표를 바탕으로, 두 나라의 의료를 비교하는 글을 써 봅시다.

정보 알아 두면 유용해요!

예방접종 예진표

한국의 질병관리청에서는 한국어 외에도, 12개의 언어(네팔어, 라오스어, 러시아어, 몽골어, 베트남어, 영어, 우즈베키스탄어, 일본어, 중국어, 캄보디아어, 태국어, 필리핀어)로 예방접종 예진표를 제공하고 있습니다. 한국어 예진표는 다음과 같습니다.

한국어

예방접종 예진표

안전한 예방접종을 위하여 아래의 질문사항을 잘 읽어보시고, 본인(법정대리인, 보호자) 확인란에 기록하여 주시기 바랍니다.

접종 대상자 인적 사항				
성 명		주민등록번호	-	(□남, □여)
실제 생년월일		외국인 등록번호	-	(□남, □여)
전화번호	(집)	(휴대전화)	체중	kg

예방접종 업무를 위한 개인정보 처리 등에 대한 동의사항	본인 확인
'감염병의 예방 및 관리에 관한 법률' 제32조 및 동법 시행령 제32조의3에 따라 주민등록번호 등 개인정보 및 민감정보를 수집하고 있습니다. ① 수집·이용 목적: 예방접종의 다음접종 및 완료 여부, 예방접종 후 이상반응 발생 여부 관련 문자 및 모바일앱 알림 서비스 제공 ② 수집·이용 항목: 개인정보(민감정보, 주민등록번호 포함), 전화번호(집/휴대전화) ③ 보유 및 이용기간: 5년	
'감염병의 예방 및 관리에 관한 법률' 제26조의2에 따라 예방접종을 하기 전에 접종 대상자의 예방접종 내역을 예방접종통합관리시스템으로 사전 확인하는 것에 동의합니다. * 예방접종 내역의 사전 확인에 동의하지 않는 경우, 의료인은 예방접종 내역을 서면으로 요구할 수 있으며 접종 대상자는 특별한 사유가 없다면 이에 응하여야 합니다.	□예 □아니오
예방접종의 다음 접종 및 완료 여부에 관한 정보를 문자 및 모바일앱으로 수신하는 것에 동의합니다. * 알림 수신에 동의하지 않는 경우, 동의하지 않은 항목에 대한 정보를 수신하실 수 없습니다.	□예 □아니오
예방접종 후 이상반응 발생 여부와 관련된 알림을 문자 및 모바일앱으로 수신하는 것에 동의합니다. * 알림 수신에 동의하지 않는 경우, 동의하지 않은 항목에 대한 정보를 수신하실 수 없습니다.	□예 □아니오

접종대상자에 대한 확인사항	본인 확인☑
1. 최근 1개월 이내에 받은 예방접종이 있습니까? 그렇다면 예방접종명을 적어 주십시오. ( )	□예 □아니오
2. 과거에 예방접종 후 이상반응이 나타나서 치료를 받은 적이 있습니까? 그렇다면 이상반응과 해당 예방접종명을 적어 주십시오. ( )	□예 □아니오
3. 오늘 아픈 곳이 있습니까? 그렇다면 아픈 증상을 적어 주십시오. ( )	□예 □아니오
4. (여성) 현재 임신 중이거나 다음 한 달 동안 임신할 가능성이 있습니까?	□예 □아니오
5. 약이나 음식물(예: 계란) 혹은 백신 접종으로 두드러기, 알레르기 증상(예: 발진, 아나필락시스: 쇼크, 호흡곤란, 의식소실, 입술/입안의 부종 등)을 보인 적이 있습니까?	□예 □아니오
6. 암, 백혈병 혹은 면역계 질환이 있습니까? 그렇다면 병명을 적어 주십시오. ( )	□예 □아니오
7. 최근 3개월 이내에 스테로이드제, 항암제, 방사선 치료를 받은 적이 있습니까?	□예 □아니오
8. 최근 1년 동안 수혈을 받았거나 면역글로불린을 투여받은 적이 있습니까?	□예 □아니오
9. (코로나19) 혈액응고장애를 앓고 있거나, 항응고제를 복용 중이십니까? 그렇다면 질환명 또는 약 종류를 적어 주십시오. ( )	□예 □아니오
10. 경련을 한 적이 있거나 기타 뇌신경계 질환(예: 길랭-바레 증후군 포함)이 있습니까?	□예 □아니오
11. 그 외 선천성 기형, 천식 및 폐질환, 심장질환, 신장질환, 간질환, 당뇨 및 내분비 질환, 혈액 질환(혈액응고장애 외)으로 진찰 받거나 치료 받은 일이 있습니까? 그렇다면 병명을 적어 주십시오. ( )	□예 □아니오
의사의 진찰결과와 이상반응에 대한 설명을 듣고 예방접종을 하겠습니다. 본인(법정대리인, 보호자) 성명 : (서명) 접종대상자와의 관계 : * 접종대상자가 출생신고 이전의 신생아인 경우 법정대리인의 주민등록번호(-) 년 월 일	

의사 예진 결과 (의사기록란)		확인☑
체온 : ℃	예방접종 후 이상반응에 대해 설명하였음	□
'이상반응 관찰을 위해 접종 후 20~30분간 접종기관에 머물러야 함'을 설명하였음		□
문진결과 :		
이상의 문진 및 진찰 결과 예방접종이 가능합니다.	의사성명 :	(서명)

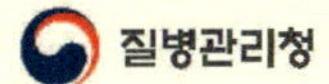
질병관리청

MEMO

제2과

은행

은행

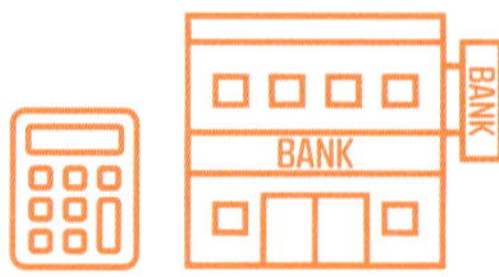

1. 한국에서 은행을 이용해 본 적이 있나요? 있다면 그때 어떤 점이 어려웠나요?
2. 한국에서 은행 업무를 위한 앱을 사용해 본 적이 있나요? 있다면 그때 어려운 점이 있었나요?
3. 여러분의 나라와 한국의 은행 이용 방식에는 어떤 차이가 있나요?
4. 외국인으로서 은행을 이용할 때 어떤 부분이 가장 어렵다고 생각하나요?
5. 은행 업무를 위해 은행에 방문한다면, 한국어로 필요한 내용을 설명할 수 있나요?

들어가기

❶ 여러분 나라에서 예금이나 적금을 든 경험이 있나요?
❷ 은행 예금 상품 종류에 대해서 얼마나 알고 있나요?

다음 대화를 듣고 답하세요.

1. 이 사람이 은행에 온 이유는 무엇인가요?

① 체크 카드를 발급받으려고
② 예금 상품에 대해 알아보려고
③ 송금을 하려고
④ 계좌를 해지하려고

2. 자유 적금의 특징으로 알맞은 것은 무엇인가요?

① 일정 금액을 한 번에 넣는다.
② 언제든지 돈을 찾을 수 있다.
③ 월 납입 한도 내에서 매달 조금씩 돈을 넣는다.
④ 정기 예금보다 이자가 높다.

3. 자유 적금의 가입 기간을 어떻게 정할 수 있나요?

들어가기

❶ 인터넷 뱅킹이나 모바일 뱅킹을 이용해 본 적이 있나요?
❷ 모바일 뱅킹을 처음 시작하려면 뭘 준비해야 할까요?

다음 대화를 듣고 답하세요.

1. 모바일 뱅킹을 이용하려면 무엇이 꼭 필요한가요?

① 체크 카드
② 공동 인증서
③ 주민등록증
④ 외국인 등록증

2. 은행원이 송금 시 주의하라고 한 내용은 무엇인가요?

① 금액은 반드시 만 원 단위로 해야 한다.
② 받는 사람의 계좌 번호와 은행명을 정확히 입력하고, 받는 사람의 이름이 맞는지 반드시 확인한다.
③ 다른 사람에게 잘못 송금할 경우 쉽게 취소할 수 있다.
④ 앱에서는 공과금 납부가 불가능하다.

3. 이체 한도를 높이려면 어디에서 조정해야 하나요?

들어가기

❶ 한국에서 계좌를 개설해 본 적이 있나요?
❷ 한국의 은행과 여러분 나라의 은행을 이용할 때 다른 점이 있나요?

다음 대화를 듣고 답하세요.

1. 이 사람이 은행에 온 목적은 무엇인가요?

① 체크 카드를 재발급 받으려고
② 송금을 하려고
③ 통장을 만들려고
④ 계좌를 해지하려고

2. 은행원이 제한 계좌라고 말한 이유는 무엇인가요?

① 외국인이라서 거래가 많기 때문에
② 처음 개설하는 계좌라서 한도가 제한되기 때문에
③ 학생이라서 입금이 불가능하기 때문에
④ 기숙사 주소라서 주소가 불분명하기 때문에

3. 은행 계좌를 만들 때 이 사람이 제출한 서류 두 가지는 무엇인가요?

4. 제한 계좌의 한도를 풀려면 어떤 조건이 필요한가요?

다음 예시를 참고하여 금융 거래와 관련된 내용을 친구에게 전달하는 대화를 만들어 봅시다.

1. 우리은행: 앱에서 17개 언어 지원, 해외 송금, 외국인 대상 비대면 계좌 개설, 한국어능력시험 무료 강의 지원
2. 하나은행: 서울글로벌센터와 협력하여 국내 거주 외국인 유학생을 대상으로 금융 교육 진행, 계좌 개설 방법 및 ATM 사용법, 인증서 발급 방법 교육
3. 신한은행: 외국인 근로자 전용 신용 대출 상품 출시, 최근 3개월 연속 신한은행 계좌로 급여를 수령한 외국인 근로자 대상, 체류 자격 요건(F2, F5, E7, E9)을 충족하고 체류 기간 만료일이 6개월 이상 남아 있는 경우, 대출 한도는 최대 2,000만 원

사용할 문형

❶ **-에 따르면:** 어떤 경우, 사실이나 기준 따위에 의해서.
예 기상청에 따르면 지진은 10일 오전 10시 43분 59초에 발생했다.

❷ **-에 그치지 않고:** 더 이상의 진전이 없이 어떤 상태에 머무르지 않고.
예 올해 행사는 금전적 지원에 그치지 않고 직원들이 직접 수해 복구 활동에 참여했다.

❸ **-을/를 계기로:** 어떤 일이 일어나거나 변화하도록 만드는 결정적인 원인이나 기회로.
예 철이는 이번 일을 계기로 봉사활동에 더 자주 참여해야겠다고 생각했다.

❹ **-은/는 셈이다:** 어떤 형편이나 결과를 나타낼 때 쓰는 말이다.
예 그 정도면 경험은 충분히 한 셈이다.

예시

쑤시아 야, 요즘 한국 은행들이 외국인 고객을 대상으로 서비스를 확대하고 있다는 기사 봤어?

리오 아니, 처음 듣는데? 어떤 내용이야?

쑤시아 법무부 자료에 따르면 지금 한국에 체류하는 외국인이 273만 명을 넘었대. 그래서 내국인 시장이 포화 상태라 여기는 은행들이 외국인을 새로운 성장 동력으로 보고 있대. 단순히 송금 서비스에 그치지 않고, 대출이나 카드, 유학생 전용 플랫폼까지 다양하게 내놓는 중이래.

리오 진짜? 구체적으로 어떤 게 있어?

쑤시아 우리은행은 앱에서 17개 언어를 지원하고, 해외 송금도 자유롭게 할 수 있대. 그리고 외국인도 비대면 계좌 개설이 가능하대.

리오 오, 생각보다 체계적이네. 예전엔 외국인이 계좌 만드는 것도 힘들었다던데….

쑤시아 맞아. 그런데 이제는 모바일 외국인 등록증만 있으면 비대면으로 계좌를 만들 수 있게 제도가 바뀌었대. 이를 계기로 외국인들의 금융 접근성이 크게 높아진 셈이지.

리오 듣고 보니, 한국 금융 시스템이 점점 포용적으로 변하고 있는 것 같네.

쑤시아 그리고 외국인 고객을 위해 한국어능력시험 준비를 위한 강의도 무료로 지원하고 있어.

리오 나도 한번 써 봐야겠다.

송금을 하거나, 송금을 받아 본 적이 있나요? 외국환 송금 경험을 메모하고, 그때의 상황을 은행원과의 대화로 만들어 봅시다.

리나의 경험

1. **상황:** 한국에서 아르바이트를 해서 모은 돈의 일부를 아버지께 송금하려고 은행을 방문함
2. **배경:** 아버지 생신을 맞아 선물 대신 약간의 돈을 보냄
3. **절차**
   - 은행 창구에서 외환 송금 신청
   - 모바일 외국인 등록증으로 신분 확인
   - 송금 금액 30만 원을 인도네시아 루피아로 환전
   - 수취인 이름·계좌 번호 확인 후 제휴망을 통해 송금
4. **결과:** 송금 신청이 정상적으로 접수되어 다음 날까지 처리 완료 예정
5. **소감:** 절차가 간단해지고 신속해졌다는 점에 만족함

나의 경험

1. **상황:**
2. **배경:**
3. **절차**
   -
   -
   -
   -
4. **결과:**
5. **소감:**

예시

은행원 안녕하세요. 어떤 업무 도와드릴까요?

리나 안녕하세요. 아버지 생신이라 선물 대신에 돈을 조금 보내려고요.

은행원 아버님께서 좋아하시겠어요. 송금액은 얼마로 하시겠어요?

리나 30만 원이요. 제가 지난달에 아르바이트해서 모은 돈이에요.

은행원 외환 송금은 처음이신가요?

리나 예전에 해 봤는데, 그때는 절차가 복잡해서 꽤 오래 걸렸어요. 그런데 요즘은 모바일 외국인 등록증으로도 신분 확인이 가능하다고 들었어요.

은행원 맞습니다. 지금은 실물 등록증 없이도 인증이 가능합니다. 송금하실 은행은 어디인가요?

리나 인도네시아 만디리은행이에요. 아버지 계좌 번호는 여기 있습니다.

은행원 확인했습니다. 환율은 오늘 기준으로 적용되고, 수수료는 8천 원입니다. 제휴망을 이용하시면 오늘 안에 도착할 가능성이 높습니다.

리나 그렇게 빨리요?

은행원 네, 늦어도 내일은 도착할 거예요. 송금이 완료되면 문자로 안내가 됩니다.

리나 감사합니다.

은행원 지금 바로 접수하겠습니다.

리나 감사합니다. 한국에서는 송금 절차도 간단하고 신속하게 처리돼서 너무 좋아요.

다음 금융 상품의 안내문을 보고 답해 봅시다.

상품안내

인터넷 | 모바일 | 영업점

신한 알.쏠 적금

원하는 가입 기간을 선택하여 월 납입 한도 내 신규와 입금이 자유롭고, 거래 실적에 따라 우대이자율을 제공하는 적금

상품종류 정기적금
가입대상 개인부분
가입기간 12개월이상 36개월이하 1일 단위
가입금액 1천원 부터 300만원 까지

최저 연 2.45 ~ 최고 연 3.75 %

12개월 | 24개월 | 36개월

(2025.10.10 현재 세전, 온라인금리)

상품개요	원하는 가입 기간을 선택하여 월 납입 한도 내 신규와 입금이 자유롭고, 거래 실적에 따라 우대이자율을 제공하는 적금
예금과목	정기적금
저축방법	[적립식],[자유적립식]
이자지급방식	만기일시지급-단리식
세금	[비과세종합저축 가능]
자동재예치	[불가]
일부해지	[가능]
기본이자율	가입일 당시 영업점 및 홈페이지에 고시된 '신한 알.쏠 적금' 기본이자율
우대이자율	아래 조건에 따라 최대 연 1.3% 금리우대

구분	적용조건	우대이자율
소득이체	예금주의 신한은행 입출금통장에 건별 50만원 이상 입금된 월에 이 예금에 입금한 금액에 대해 우대이자율 제공	연 0.6%
카드이용	예금주의 신한카드(신용/체크) 결제계좌를 신한은행으로 지정하고, 해당 계좌에서 카드 결제금액이 출금된 월에 이 예금에 입금한 금액에 대해 우대이자율 제공	연 0.3%
오픈뱅킹	신한은행 오픈뱅킹 출금이체를 통하여 이 예금에 입금을 한 경우 해당 입금한 금액에 대해 우대이자율 적용	연 0.6%
청약보유	이 예금의 만기 시점에 신한은행 청약상품(청약부금, 청약예금, 청약저축, 주택청약종합저축, 청년 우대형 주택청약종합저축)을 보유한 경우 입금된 금액 전체에 대하여 우대이자율 적용	연 0.3%
마케팅동의	이 예금의 만기 시점에 「개인(신용)정보 수집·이용 동의서(상품서비스 안내 등)」에 동의한 경우 입금된 금액 전체에 대하여 우대이자율 적용	연 0.1%

1. 이 적금의 가입 기간에 해당하지 않는 것은 무엇인가요?

① 6개월　② 1년　③ 2년　④ 3년

2. 이 적금에 가입하면 이자는 언제 받을 수 있나요?

① 매달 받는다.

② 일 년에 한 번 받는다.

③ 가입 기간이 끝나면 받는다.

④ 신청하면 언제든 받는다.

3. 이 적금에 대한 설명으로 적절하지 않은 것은 무엇인가요?

① 이자는 적어도 1년에 2.45%를 받을 수 있다.

② 1년 이상 3년 이하로, 원하는 가입 기간을 선택하여 가입할 수 있다.

③ 거래 실적에 따라 우대 이자율이 제공된다.

④ 이자는 복리식으로 적용된다.

다음 글을 읽고 답해 봅시다.

자동 이체 등록

저는 일본에서 온 유학생 유카예요. 저는 처음 월세를 낼 때 은행에 직접 가서 집주인에게 송금했어요. 은행에는 사람이 많았고, 한 시간쯤 기다려서 겨우 돈을 보낼 수 있었어요. 은행 직원에게 월세를 보낸다고 하니까, 자동 이체를 등록해 두면 편하다고 하면서 다음과 같은 방법을 알려줬어요.

은행 앱에서 '자동 이체'를 선택하고 하단에 있는 '자동 이체 등록'을 누르면 돼요. 그러면 '어디에서 돈을 보낼까요?'라는 문장과 함께 내 계좌가 보여요. 계좌를 선택하면 '어디로 보낼까요?'라는 문장이 나오는데, '직접 입력'을 눌러서 돈을 받을 사람의 은행을 선택하고, 계좌 번호를 누르면 돼요. 그다음에 '얼마를 보낼까요?'라는 문장이 나오면 월세 금액을 입력하고, 이체 기간과 날짜, 주기를 선택한 후 비밀번호를 누르면 끝나요. 이렇게 자동 이체를 등록해 두니 월세를 낼 때마다 은행을 가지 않아도 돼서 정말 편리해요.

1. 유카가 자동 이체를 등록하게 된 이유는 무엇인가요?

① 집주인이 자동 이체를 요구했기 때문에

② 은행 직원이 자동 이체를 등록해 두면 편하다고 하면서 방법을 알려 주었기 때문에

③ 계좌 비밀번호를 잊어버렸기 때문에

④ 월세 금액이 바뀌었기 때문에

2. 자동 이체를 등록할 때 '직접 입력'을 눌러서 해야 하는 일은 무엇인가요?

① 내 계좌를 선택하는 일

② 돈을 받을 사람의 은행 이름과 계좌 번호를 입력하는 일

③ 송금 날짜를 정하는 일

④ 월세 금액을 입력하는 일

3. 유카가 자동 이체를 등록하면서 마지막으로 한 행동은 무엇인가요?

4. 여러분은 자동 이체를 하고 있나요? 어떤 것을 자동 이체하고 있어요? 자동 이체를 하면 어떤 점이 편리한지 말해 봅시다.

다음 글을 읽고 답해 봅시다.

카드 분실 신고

여러분은 카드를 잃어버린 적 있으세요? 저는 어제 카드를 잃어버리고, 오늘 재발급 받았습니다. 어젯밤 친구랑 카페에 가서 체크 카드를 사용했는데, 오늘 아침에 편의점에서 결제를 하려고 보니 지갑에 없더라고요. 바로 집에 돌아가서 어제 입었던 옷이랑 가방 속 등, 여기저기를 다 뒤져 봤지만 찾을 수 없었습니다. 그래서 혹시 어제 카페에 두고 온 게 아닌가 싶어서 다시 가 봤지만 찾을 수 없었습니다. 카드를 처음 잃어버린 거라서 너무 당황했는데, 친구가 은행에 가서 카드 분실 신고를 하고 재발급 받으면 된다고 해서 바로 은행에 갔습니다.

은행 직원은 제 신분증을 확인하고, 분실된 카드를 즉시 사용 정지해 주셨습니다. 다행히 다른 사람이 카드를 사용하기 전에 신고해서 피해는 없었습니다. 체크 카드를 재발급 받기 위해서 서류를 작성하고, 바로 새 카드를 받았습니다. 이번 일을 계기로, 카드를 잃어버리면 당황하지 말고 즉시 분실 신고를 하는 게 가장 중요하다는 점을 알게 됐습니다.

1. 이 사람은 카드를 잃어버렸다는 사실을 언제 알게 되었나요?

① 어제 카페에서 계산할 때

② 아침에 집에서 지갑을 정리할 때

③ 오늘 아침 편의점에서 결제하려 할 때

④ 며칠 전에 은행에 갔을 때

2. 이 사람이 피해를 입지 않은 이유는 무엇인가요?

① 카드를 사용하지 않아서

② 은행 직원이 카드를 찾아 주어서

③ 친구가 대신 신고해 주어서

④ 다른 사람이 사용하기 전에 분실 신고를 해서

3. 이 사람이 카드를 잃어버린 것을 알고 나서 가장 먼저 한 행동은 무엇인가요?

4. 여러분은 체크 카드나 신용 카드를 잃어버린 적이 있나요? 여러분 나라에서는 카드를 잃어버리면 어떤 절차에 따라 신고와 재발급이 이루어지는지 말해 봅시다.

MEMO

한국과 여러분 나라의 은행 이용 방법이나 제도의 차이에 대한 글을 써 봅시다.

1. 두 나라의 은행 이용 방법이나 제도를 비교하는 표를 만들어 봅시다.

구분	한국	
계좌 개설		
계좌 유지		
송금 제도		
언어 서비스		
은행 대기		

2. 여러분이 작성한 표를 바탕으로, 두 나라의 은행 이용에 대해 비교하는 글을 써 봅시다.

정보 알아 두면 유용해요!

한국의 은행

한국의 은행은 크게 한국은행, 특수 은행, 일반 은행으로 나눌 수 있습니다. 한국은행(The Bank of Korea)은 국가의 중앙은행으로, 화폐를 발행하고 금융 정책을 조정하는 역할을 합니다. 우리가 일상적으로 거래하는 은행은 대부분 일반 은행에 속합니다. 일반 은행은 다시 시중 은행, 지방 은행, 외국 은행의 국내 지점, 그리고 인터넷 은행으로 구분됩니다.

시중 은행은 전국 어디서나 쉽게 볼 수 있는 대표적인 은행으로, KB국민은행, 우리은행, 신한은행, 하나은행, 대구은행 등이 있습니다. 대구은행은 원래 지방 은행이었는데, 2023년 5월 1일부터 전국 단위 영업이 가능한 시중 은행이 되었습니다. 이 은행들은 계좌 개설, 송금, 예금, 대출 등 대부분의 금융 서비스를 제공합니다.

지방 은행은 특정 지역을 중심으로 운영되는 은행으로, 부산은행, 광주은행, 전북은행, 경남은행, 제주은행 등이 있습니다. 지역 주민과 중소기업을 위한 서비스가 잘 발달해 있습니다.

외국 은행의 국내 지점으로는 시티은행(Citibank), HSBC, 스탠다드차타드(Standard Chartered), 뱅크오브아메리카(Bank of America) 등이 있습니다. 해외 송금이나 외화 관련 업무를 이용할 때 편리합니다.

인터넷 은행은 영업점이 없는 대신, 스마트폰 앱이나 컴퓨터를 통해 모든 업무를 처리할 수 있는 은행입니다. 카카오뱅크(KakaoBank), 케이뱅크(K-Bank), 토스뱅크(TossBank)가 대표적입니다.

특수 은행은 정부의 정책 목적에 따라 설립된 은행으로, 한국산업은행(KDB)은 산업 발전을 위한 자금 지원을, 수출입은행(KEXIM)은 해외 무역과 관련된 금융을 담당하며, 농협은행(NH Bank)과 수협은행(Sh Bank)은 농민과 어업인을 위한 금융 서비스를 제공합니다.

제3과

우체국과 택배

제3과 우체국과 택배

1 한국의 우체국에서는 어떤 업무를 하고 있는지 알고 있나요? 알고 있다면 아는 대로 이야기해 봅시다.
2 한국에서 택배를 보낸 적이 있나요? 있다면 어디에서 어떻게 보냈나요?
3 여러분의 나라와 한국의 택배 서비스 이용 방식에 차이가 있나요?
4 외국인으로서 택배 서비스를 이용할 때 어떤 부분이 가장 편리하다고 생각하나요?
5 택배를 보내기 위해서 우체국이나 편의점 등에 방문한다면, 한국어로 필요한 내용을 설명할 수 있나요?

들어가기

❶ 여러분 나라에서 택배를 받은 경험이 있나요?
❷ 여러분이 집에 없을 때 택배가 도착하면 어떻게 하나요?

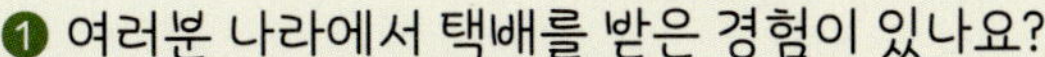

Track 7

다음 대화를 듣고 답하세요.

1. 택배 기사는 왜 이 사람에게 전화를 걸었나요?

① 배송이 지연되어 알리기 위해
② 배송지의 공동 현관문이 잠겨 있어서
③ 주소를 다시 묻기 위해
④ 택배가 파손되어서

2. 이 사람은 택배 기사에게 어떤 요청을 하였나요?

① 물건을 다시 가져가 달라고 했다.
② 다른 주소로 보내 달라고 했다.
③ 비가 오면 연락해 달라고 했다.
④ 택배를 문 앞에 두라고 했다.

들어가기

❶ 한국의 우체국에서 여러분 나라로 소포를 보내 본 적이 있나요?

❷ 국제 소포를 보내는 방식 면에서 여러분 나라와 다른 점은 무엇인가요?

Track 8

다음 대화를 듣고 답하세요.

1. 이 사람이 EMS로 소포를 보내기로 한 이유는 무엇인가요?

① EMS가 가장 저렴하기 때문에

② 일반 소포보다 배송이 빠르기 때문에

③ 무게 제한이 없기 때문에

④ 국제 우편 요금이 일정하기 때문에

2. 직원의 설명으로 옳은 것은 무엇인가요?

① 모든 국제 우편은 한글로만 작성해야 한다.

② 전화번호는 적지 않아도 된다.

③ EMS는 일반 국제 소포보다 빠르지만 요금이 더 비싸다.

④ 국제 소포는 카드 결제가 불가능하다.

3. 이 사람이 보낸 소포 내용물은 무엇인가요?

4. 직원이 국제 소포 접수 시 금지 품목이 들어 있는지 확인한 이유는 무엇인가요?

다음의 상황별로 택배 보내기와 관련한 대화를 만들어 봅시다.

1 편의점에서 택배 보내기: 편의점에 가서 택배 기계 활용, 주소와 전화번호 등을 입력, 택배를 가지고 가서 계산대에서 계산

2 우체국에서 택배 보내기: 보내는 사람, 받는 사람 주소와 전화번호 적기, 내용물 종류 기재, 파손 우려 시 '취급 주의' 요청하기, 우체국 직원에게 택배 보내러 왔다고 말하기

3 집에서 택배 보내기: 방문 택배 이용하기, 택배 회사의 앱 이용, 무거운 물건을 들고 이동하지 않아도 된다는 장점이 있음, 택배 크기와 무게에 제한이 있음(상자 세 변의 합이 160cm 이하, 무게 20kg 이하)

사용할 문형

❶ **-거든(요):** 앞의 상황이나 이유를 부드럽게 설명하거나, 상대방이 모를 법한 배경을 덧붙일 때 사용한다.

예 그날은 제가 약속이 있거든요.

❷ **-(으)ㄹ까 봐(서):** 걱정이나 대비의 이유를 표현할 때 쓰는 표현이다.

예 늦을까 봐 일찍 나왔어요.

예 오해할까 봐 미리 설명드렸어요.

예시

안나 민수야, 나 부산에 사는 친구한테 책이랑 옷을 좀 보내야 하는데, 편의점에서 택배를 보낼 수 있다고 들었거든. 오늘 해 보려고 하는데, 실수할까 봐 걱정이야.

민수 걱정하지 마. 생각보다 쉽거든. 먼저 가까운 편의점에 가서 택배 기계를 찾아.

안나 기계가 있어?

민수 응. 택배 접수 기계에 보면 '현장 접수'랑 '예약 접수'가 있는데, 현장 접수를 선택하면 돼.

안나 그다음에는 뭘 해야 해?

민수 그다음엔 '국내 택배'를 선택하고, 보내는 물품의 유형을 선택하면 돼. '의류, 가전, 식품, 잡화' 등 중에 선택하게 돼 있어. 다음에는 물품 가액을 선택해.

안나 생각보다 간단하네. 그다음에는?

민수 그렇지? 그다음엔 보내는 사람 정보랑 받는 사람 정보를 정확히 입력해야지. 입력한 정보를 확인하고 결제 방법을 선택하면 돼. 마지막으로 기계에서 운송장이 나올 거야. 출력된 운송장을 상자 위에 붙여서 계산대의 직원에게 갖다 주고 계산하면 돼.

택배 배송과 관련하여 고객 센터에 문의하는 대화를 연습해 봅시다.

1 일주일 전 주문한 교재가 '발송 완료'되었지만 아직 도착하지 않아 택배 회사의 고객 센터에 전화한 상황

2 '배송 완료'라는 메시지를 받았지만, 문 앞에도 물건이 없고, 주변에 맡긴 곳도 없는 상황

- 배송 완료라고 안내받았는데, 실제로는 물건을 받지 못했습니다.
- 혹시 어디에 맡겼는지 확인해 주실 수 있을까요?

3 주소 입력 실수로 다른 지역으로 물건이 배송되어서, 현재 반송 처리 중이라는 안내를 받은 상황

- 주소를 잘못 입력해서 반송 중이라는 연락을 받았거든요.
- 정확한 주소로 다시 배송받을 수 있을까요?

사용할 문형

❶ **-(으)ㄴ/는 것 같다:** 확실하지 않은 일을 근거로 조심스럽게 판단할 때 사용한다.
예 주소가 잘못 입력된 것 같은데 다시 한번 확인해 보시기 바랍니다.

❷ **-(으)시겠어요:** 상대방에게 정중하게 요청하거나 제안할 때 사용한다.
예 잠시만 기다려 주시겠어요? 잠시 후 연결해 드리겠습니다.

❸ **-(으)ㄴ/는지 알 수 있을까요:** 상대방에게 어떤 사실을 직접적으로 묻지 않고, 완곡하게 질문할 때 사용한다.
예 기사님이 오늘 몇 시쯤 저희 집에 방문 가능하신지 알 수 있을까요?

예시

직원 안녕하세요, 한국택배 고객 센터입니다. 무엇을 도와드릴까요?

유학생 안녕하세요. 지난주에 책을 주문했는데요, '발송 완료'라는 메시지를 받았지만, 아직 책을 받지 못했어요. 배송이 일주일째 지연되고 있는 것 같은데, 확인 부탁드립니다.

직원 불편을 드려 죄송합니다. 확인을 위해, 운송장 번호 좀 불러 주시겠어요?

유학생 네, 254783입니다. 앱에서 확인해 보니, 일주일째 배송 진행이 안 되고 있더라고요.

직원 잠시만 기다려 주시겠어요? 확인해 보겠습니다. (잠시 후) 네, 지금 보니까 물류 센터 쪽의 착오로 일시적으로 배송이 지연된 것 같습니다.

유학생 그렇군요. 이번 주 안에는 꼭 받아야 하는 책이거든요. 제가 언제쯤 책을 받을 수 있는지 알 수 있을까요?

직원 네, 내일 오후쯤 배송이 시작될 예정이라, 배송 완료까지는 이틀 정도 더 걸릴 것 같습니다.

유학생 알겠습니다.

직원 최대한 빨리 처리될 수 있도록 담당 부서에 전달하겠습니다.

유학생 감사합니다. 다음에는 지연이 발생하지 않도록 부탁드려요.

직원 네, 소중한 의견 주셔서 감사합니다. 배송이 완료되면 문자로 안내해 드리겠습니다.

다음은 우체국에 부착되어 있는 접수 금지 제품에 대한 안내입니다.

국제 항공 소포 및 EMS 접수 금지 제품

▶ 모바일 기기(핸드폰, 태블릿 PC), 컴퓨터, 노트북, 블루투스 이어폰, 스마트워치
▶ 배터리, 미니 선풍기
▶ 폭발성, 가연성 물품(스프레이, 향수, 부탄가스 등)
▶ 손세정제, 접착제, 페인트, 잉크, 라이터, 폭죽, 실리콘, 성냥, 파마약, 염색약
▶ 방사성 물질 또는 기타 위험한 물질

※ 금지 제품을 보내시면 보내신 물건 전체가 우체국으로 다시 돌아오니, 절대 넣으시면 안 됩니다.

1. 국제 항공 소포 및 EMS 접수 금지 제품에 해당하지 않는 것은 무엇인가요?

① 폭죽 ② 향수 ③ 실리콘 ④ 의류

2. 이 안내문에서 강조하는 내용으로 알맞은 것은 무엇인가요?

① EMS는 해외로 보낼 수 있는 가장 저렴한 서비스이다.
② 일부 전자 제품은 세관을 통과하지 않아도 된다.
③ 위험하거나 폭발 위험이 있는 물품은 항공 우편으로 보낼 수 없다.
④ 금지품을 보내면 해당 물건을 빼고 배송된다.

다음은 우체국 홈페이지에서 확인할 수 있는 국제특급우편(EMS)에 대한 서비스 개요의 일부입니다.

국제특급(EMS)

▶ EMS란 급한 편지, 서류나 소포 등을 가장 빠르고 안전하게 외국으로 배달해 주는 국제특급우편으로 우정사업본부가 외국의 공신력 있는 우편 당국과 체결한 특별 협정에 따라 취급합니다.

- 공신력: 급한 편지, 서류나 소포 등을 가장 빠르고 안전하게 외국으로 배달해 주는 국제 우편 서비스로서 국가 기관인 우정사업본부가 공신력 있는 외국 우편 당국과 체결한 특별 협정에 따라 취급합니다.
- 신속성: 서울에서 오전에 부치시면 도착 국가에서 통관 검사를 거칠 필요가 없는 우편물(서류)의 경우 동경, 홍콩, 싱가포르 등 가까운 곳은 2~3일, 기타 국가는 3~5일 이내에 배달됩니다.
- 조회 가능: 미국, 일본, 영국, 홍콩 등 주요 국가 59개국(계속 확대 중)으로 발송한 국제 특급 우편물의 경우에는 국제적으로 연결된 컴퓨터망을 통하여 배달 여부가 즉시 조회 가능합니다. 컴퓨터 조회가 되지 않을 경우에도 이용자가 원하시면 팩시밀리나 이메일을 통하여 신속하게 조회하고 그 결과를 알려드립니다.
- 배달 소요 일수: 통관이 필요하지 않은 서류(우편물 접수 번호가 EE로 시작됨)의 경우에 한해서만 서울 지역에서(일부 지역 제외) 오전 12시까지 접수하면 직항편이 있는 도시 지역(도쿄, 홍콩, 싱가포르 등)에는 다음 날 또는 3~4일 내에 배달되며 기타 지역과 국가에는 4~6일 이내에 배달됩니다.

출처: https://ems.epost.go.kr/front.Introduction01.postal

1. EMS(국제특급우편)의 특징으로 옳지 않은 것은 무엇인가요?

① 외국의 공신력 있는 우편 당국과 협정을 맺고 운영된다.

② 통관 절차가 필요한 모든 우편물은 2~3일 이내에 배달된다.

③ 주요 국가로 보낸 우편물은 컴퓨터로 배달 여부를 조회할 수 있다.

④ 우정사업본부가 운영하는 국제 우편 서비스이다

2. EMS의 '조회 가능'에 대한 설명으로 알맞은 것은 무엇인가요?

① 모든 나라의 우편물은 자동으로 조회된다.

② 조회가 불가능한 경우 이용자가 배달 결과를 직접 확인해야 한다.

③ 약 60개의 주요 국가의 우편물을 국제 컴퓨터망으로 조회할 수 있다.

④ 조회 서비스는 국내에서만 이용할 수 있다.

3. 우편물 접수 번호가 EE로 시작하는 서류의 경우 서울 지역에서 오전 12시까지 접수하면 도쿄에는 언제 배달되나요?

듣기 > 말하기 > 읽기 > **쓰기**

한국이나 여러분 나라의 택배 서비스를 설명하는 글을 써 봅시다.

1. 간단한 개요를 작성해 봅시다.

구분	한국	
1문단		
2문단		
3문단		
4문단		
5문단		
6문단		

2. 다음의 문형 중 두세 개를 골라 글을 쓸 때 활용해 봅시다.

① **-(으)ㄹ 정도로:** 정도가 심하거나 뚜렷함을 강조할 때 쓰는 표현이다.

예 전국 어디든 하루 만에 도착할 정도로 배송이 빠르다.

② **-(으)ㄴ 덕분에:** 긍정적 결과의 원인을 설명할 때 쓰는 표현이다.

예 24시간 운영 시스템 덕분에 지연이 거의 없다.

③ **-(으)ㄹ 뿐만 아니라:** 정보나 사실을 덧붙일 때 쓰는 표현이다.

예 빠를 뿐만 아니라 이용 방법도 매우 간단하다.

④ **-(으)ㄴ/는 편이다:** 일반적인 경향이나 평가를 완곡히 표현할 때 쓰는 말이다.

예 한국의 택배는 다른 나라보다 정확한 편이다.

⑤ **-(으)ㄹ 만큼:** 앞뒤의 행동이나 상태의 유사한 정도를 나타낼 때 쓰는 표현이다.

예 외국인이 놀랄 만큼 택배가 신속하게 도착한다.

정보 알아 두면 유용해요!

인터넷 우체국

인터넷 우체국에서 국내 방문 접수 소포(픽업)를 보내는 방법은 다음과 같습니다.

1. 인터넷 우체국(www.epost.go.kr)에 접속한다.
2. 국내소포 〉 방문접수소포(픽업)를 선택한다.
3. 아이디가 있다면 아이디로 로그인하고, 회원이 아닌 경우 '비회원 신청하기'를 선택한다.
4. 방문 접수 소포 비회원 약관 동의에 모두 체크한다. 여기에는 '인터넷 우체국 이용약관, 개인정보 수집 및 이용 안내'에 대한 내용이 있다. 신청 비밀번호를 입력한다.
5. 방문 접수 소포 예약에서 '우편 금지 물품 취급 제한 품목 및 손해 배상 안내 확인'에 체크한다. 우편 금지 물품은 다음과 같다.
   - 폭발성 물질, 발화 및 가연성 물질, 인화성 물질
   - 유독 또는 악취 가스나 증기를 발하는 물질, 유독성 물질
   - 강산류 및 강산화성 물질, 독약류 및 병균류
   - 방사성 물질, 공안 방해와 그 밖의 위험성 물질
6. 보내는 분, 방문 접수 소포 정보, 받는 분, 물품 정보, 받는 분 목록, 결제 수단 등록을 차례로 입력한 후 신청 버튼을 누른다.

정보 알아 두면 유용해요!

인터넷우체국
ePOST kr
검색어를 입력하세요
검색
우편
우체국쇼핑
국내소포
EMS·국제우편
우표·엽서·카드
골드바·우체국알뜰폰
모바일우편함
계약고객전용
방문접수·창구소포
방문접수소포
- 방문접수소포예약
- 방문접수소포 반품예약
- 예약조회/취소
- 배달조회
국내소포(우체국/Eco우체통)
- 창구소포 간편사전접수
- 이용내역 조회/취소
- 라벨인쇄
착불배달우편물 요금 결제/조회
이용안내
- 요금안내
- 자주하는 질문
- 취급제한품목
- 보험취급 및 손해배상
환경설정 안내
방문접수소포 상담문의
1588-1300
평일:09:00~18:00
토요일/공휴일 휴무
(발신자부담)
창구소포(우체국/Eco우체통)
소포 접수정보(성명, 주소 등)를 미리 입력하고 우체국에 방문하거나 Eco우체통에 투함하면 빠르게 접수할 수 있습니다.
'21.6.1.부터 소포 1통도 접수정보를 미리 입력하고 접수하면 소포요금을 할인해 드립니다.
방문접수소포(픽업)
방문접수소포 접수정보와 방문시간 등을 사전에 입력하시면 우체국직원이 방문접수합니다.
방문예약
방문접수소포예약
방문접수소포 반품예약
방문접수소포 예약조회/취소
배송조회
등기번호 13자리를 입력하십시오.
접수일로부터 1년 미만인 경우 검색가능
고객정보로 조회
창구소포 간편사전접수
소포 접수정보(성명, 주소 등)를 미리 입력하고 우체국에 방문하거나 Eco우체통에 투함하면 빠르게 접수할 수 있습니다. '21.6.1.부터 소포 1통도 접수정보를 미리 입력하고 접수하면 소포요금을 할인해 드립니다.
바로가기
착불요금결제
착불배달 우편요금을 배달전에 인터넷을 통해 납부하면 우편물을 빠르게 수령 할 수 있습니다.
바로가기
요금안내
취급제한품목 안내
보험취급 및 손해배상 안내
공지사항
더보기 +
등록된 공지사항이 없습니다.
우체국 방문접수소포 신청을 손안에서!
손쉽게 우체국 업무를 즐기세요.
애플리케이션
설치안내
인터넷우체국소개
전국 우체국 이용안내
이용약관
개인정보처리방침
웹접근성정책
관련사이트
이동

MEMO

제4과

부동산

제4과 부동산

1. 한국에서 처음 집을 구할 때 어떻게 했나요?
2. 한국에서 집을 구하기 위해서 부동산에 가서 상담을 받아 본 적이 있나요?
3. 여러분의 나라와 한국의 부동산 계약 방식에 차이가 있나요?
4. 한국의 주거 형태 및 계약 방식에 대해서 얼마나 알고 있나요?
5. 부동산 계약을 처음 하는 외국인 유학생 친구에게 어떤 조언을 하고 싶나요?

들어가기

❶ 여러분 나라에서 부동산 계약을 해 본 적이 있나요?
❷ 집을 구할 때 부동산에 가서 어떤 것을 물어봐야 할까요?

다음 대화를 듣고 답하세요.

1. 이 사람이 찾고 있는 집의 조건으로 알맞은 것은 무엇인가요?

① 학교에서 걸어서 5분 거리의 전세
② 학교 근처의 월세 원룸
③ 친구와 함께 살 수 있는 투룸
④ 관리비가 없는 오피스텔

2. 보증금을 800만 원으로 줄이면 월세는 얼마인가요?

① 45만 원
② 50만 원
③ 55만 원
④ 60만 원

3. 월세에 포함되는 요금과 포함되지 않는 요금은 무엇인지 쓰세요.

들어가기

❶ 한국의 전세 제도에 대해 들어 본 적이 있나요?
❷ 전셋집을 계약하기 위해, 집을 보러 가서 확인하고 싶은 건 뭐예요?

Track 10

다음 대화를 듣고 답하세요.

1. 이 집의 특징으로 알맞지 않은 것은 무엇인가요?

① 남향이라 햇빛이 잘 들어온다.
② 큰 도로 근처라 소음이 심하다.
③ 1층에 번호 키와 CCTV가 설치되어 있다.
④ 지하 주차장이 있다.

2. 이 사람이 도배에 대해 말했을 때, 중개인은 어떻게 대답했나요?

① 도배는 작년에 새로 했다고 했다.
② 도배는 세입자가 직접 해야 한다고 했다.
③ 집주인이 도배를 새로 해 주겠다고 했다.
④ 도배를 하지 않아도 깨끗하다고 했다.

3. 이 집의 전세 보증금은 얼마인가요?

4. 전세의 계약 기간은 기본적으로 몇 년인가요?

들어가기

❶ 한국에서 부동산 계약을 할 때 무엇을 준비해야 할까요?
❷ 부동산 계약을 할 때 주의해야 할 점을 알고 있나요? 아는 내용을 모두 말해 봅시다.

다음 대화를 듣고 답하세요.

1. 여자가 아직 준비하지 못한 것은 무엇인가요?

① 외국인 등록증
② 확정 일자
③ 한국 은행의 통장
④ 운전면허증

2. 확정 일자를 받는 이유로 알맞은 것은 무엇인가요?

① 보증금 금액을 바꾸기 위해서
② 그 집의 세입자임을 공식적으로 인정받기 위해서
③ 계약 기간을 연장하기 위해서
④ 주소 변경을 신고하기 위해서

3. 확정 일자를 받으려면 어디를 방문해야 하나요?

4. 남자가 말한 집의 안전성을 확인하는 방법은 무엇인가요?

다음의 상황별로 부동산 중개인에게 문의하는 대화를 만들어 봅시다.

1. 매물 1: 원룸 전세, 보증금 4,000만 원, 3층, 관리비 정액 8만 원, 즉시 입주, 채광 좋음, 주방이 분리되어 있음, 구축이지만 내부가 깨끗함
2. 매물 2: 원룸 월세, 보증금 300만 원 월세 30만 원, 공동 관리비, 수도, 인터넷 포함, 입주일은 협의 필요, 풀옵션(에어컨, 냉장고, 세탁기, 전자레인지 등)
3. 매물 3: 원룸 월세, 보증금 500만 원 월세 45만 원, 남동향, 주차 가능, 가구와 전자 제품(침대, 책상, 옷장, 냉장고, 에어컨, 전자레인지 등) 포함

사용할 문형

❶ **-(이)라고 되어 있다:** 문서, 안내문, 광고 등에서 제시된 내용을 언급할 때 사용하며, 서면 자료를 근거로 상대방에게 확인을 요청하는 표현이다.

예 계약서에 보증금은 500만 원이라고 되어 있어요.

❷ **-(으)ㄹ 수 있을까요:** 공손한 요청이나 허락을 구할 때 사용한다.

예 오늘 바로 방을 보러 갈 수 있을까요?

예시

유학생 안녕하세요. 인터넷에서 원룸 전세 매물을 봤는데요. 보증금이 4천만 원이고 3층이라고 되어 있던데 혹시 아직 계약이 가능할까요?

중개인 네, 계약 가능합니다. 바로 입주할 수 있는 방이에요. 혹시 입주 시기는 언제쯤으로 생각하세요?

유학생 저는 다음 주쯤 들어가고 싶어요. 사진을 보니까 햇빛이 잘 들어오는 것 같던데, 진짜 채광이 좋은가요?

중개인 네, 남향이라서 낮에는 햇빛이 잘 들어옵니다. 창문이 커서 방이 밝아요.

유학생 좋네요. 그런데 관리비가 정액 8만 원이라고 되어 있는데, 그 안에 어떤 요금이 포함돼 있나요?

중개인 수도 요금이랑 청소비, 건물 공용 전기료가 포함돼 있어요. 전기 요금과 가스 요금은 별도로 내셔야 합니다.

유학생 아, 네 알겠습니다. 또 하나, 주방이 분리되어 있다고 했는데, 혹시 원룸 안에 문이 따로 있는 구조인가요?

중개인 네, 맞아요. 방과 주방 사이에 문이 있어서 냄새가 잘 퍼지지 않아요. 요리를 자주 하시는 분들께 인기가 많습니다.

유학생 오래된 건물이라 걱정했는데, 구축이지만 내부가 깨끗하다고 되어 있더라고요. 실제로 괜찮은가요?

중개인 작년에 전체 리모델링을 해서 벽지랑 바닥, 조명도 새로 교체했습니다. 보시면 만족하실 거예요.

유학생 그럼 오늘 바로 방을 보러 갈 수 있을까요?

중개인 네, 가능합니다. 지금 시간 괜찮으시면 바로 안내해 드릴게요.

유학생 좋아요. 직접 집을 보고 싶어요.

다음은 외국인 유학생을 위한 집 구하기 지원 서비스 '홈홈'에 대한 뉴스를 읽고 친구에게 전달하는 대화입니다. 부동산 및 임대 관련 기사문을 찾아서 읽고, 친구에게 그 내용을 전달하는 대화를 만들어 봅시다.

사용할 문형

1. **-(으)ㄹ 수 있도록:** 조건이나 방법을 마련해 줌을 표현할 때 사용한다.
   예 '홈홈'은 유학생이 안전하게 집을 구할 수 있도록 도와주는 서비스예요.
2. **-는 점에서:** 여러 가지 중에 한 부분을 이유로 들어 말할 때 사용하는 표현이다.
   예 이 게임은 성공과 실패를 반복하며 정답에 가까워진다는 점에서 특히 매력적이에요.

예시

리사 알리, 혹시 한국에서 방 구할 때 어려움 없었어? 나는 지금 원룸을 알아보는 중인데 너무 복잡해.

알리 나도 처음엔 정말 힘들었어. 계약서에 모르는 단어가 많고, 보증금이나 공과금 같은 것도 이해하기 어려웠지. 그런데 요즘은 외국인 유학생을 도와주는 서비스가 생겼어.

리사 그래? 어떤 서비스야?

알리 이름이 '홈홈(HomeHome)'이야. 중앙대학교 근처에 있는 '진피아'라는 스타트업 회사에서 만든 거야. 외국인 유학생이 집을 구할 때 필요한 과정을 전부 지원해 준대.

리사 전부 지원해 준다고? 구체적으로 뭐 하는 거야?

알리 유학생이 원하는 조건을 입력하면 그에 맞는 매물을 찾아 주고, 실제로 집을 보러 갈 때 동행도 해 줘. 계약 전에 서류도 검토해 주고, 법률 기반 AI가 계약서를 분석해서 문제가 없는지도 확인해 준대.

리사 와, 그럼 사기 걱정도 덜겠네.

알리 맞아. 그리고 한국에 오기 전에 미리 집을 보고 싶어 하는 유학생을 위해 3D Digital Twin 기술로, 온라인으로 방을 미리 볼 수도 있대. 마치 실제로 둘러보는 것처럼.

리사 진짜 편하겠다. 나도 한국 오기 전에 그런 서비스가 있었으면 좋았을 텐데!

알리 '홈홈' 팀원들이 다 또래 대학생이라서 유학생 마음을 잘 안다는 점에서 경쟁력이 있대. 그래서 '친근함에서 오는 든든함'이 자기들 경쟁력이라고 하더라.

리사 그런데 이름이 왜 '진피아'야? 독특하네.

알리 대표가 '진피아들'이라는 순우리말에서 따왔다고 해. 못난 사람도 이 사회의 변화에 기여할 수 있음을 보여 주고 싶었대. 멋있지?

리사 정말 멋지다. 단순한 집 구하기 지원 서비스가 아니라, 유학생이 한국에 안정적으로 정착할 수 있도록 도와주는 거네.

알리 응, 앞으로는 일자리, 교육, 비자 관련 서비스까지 확장할 계획도 있다고 하더라. '코리안 드림'을 실현할 수 있는 사회를 만들고 싶대.

리사 듣기만 해도 든든하다. 나도 바로 '홈홈' 검색해 봐야겠다!

다음은 신문 기사의 일부입니다. 읽고 대답해 봅시다.

"공과금이 뭔가요?"…
외국인 유학생에겐 힘든 월세 계약

대학가의 외국인 유학생이 원룸 계약을 하는 데 어려움을 겪고 있으나 마땅한 지원이 이뤄지고 있지 않다. 전남대학교에 다니는 베트남 유학생 A씨는 작년 12월 셰어 하우스를 계약하며 어려움에 부닥쳤다. 월세, 공과금, 보증금 등의 단어가 생소해 스마트폰으로 번역기의 도움을 받아야만 했다. A씨는 한국말이 서투른 점을 대놓고 보이면 계약이 이뤄지지 않으리라 생각해 부동산 중개인에게 단어를 풀어서 설명해 달라고 요청할 수도 없었다.

…(중략)…

다수의 유학생은 친구에게 자취방을 소개받거나 통역이 가능한 친구를 데려가 월세 계약에 도움을 받고 있다. 그러나 A씨처럼 혼자 힘으로 집을 구해야 하는 유학생들은 사각지대에 놓여 있다.

아브둘라에브 라브샨존 서울시립대학교 유학생회 부회장은 "외국인 유학생이 집을 구할 때 언어 문제가 장벽이 되는 경우가 종종 있다"며 "계약 과정에서 쓰레기 배출 공간 등 입주자 유의 사항을 이해하지 못하는 경우도 있고 계약 기간을 잘못 잡아 보증금을 돌려받지 못하는 일도 있다"고 설명했다. 이어 "부동산 애플리케이션 언어 번역과 부동산 계약 통역 지원이 있으면 도움이 될 것 같다"고 덧붙였다.

전문가들도 외국인 유학생의 부동산 계약을 돕는 지원이 필요하다고 입을 모았다. 서정렬 영산대학교 부동산학과 교수는 "영문 부동산 표준 계약서를 만들어 배포하거나 외국인 유학생이 밀집한 지방자치단체에 담당 인력을 배치해 부동산 계약을 도와주는 서비스가 필요하다"고 전했다.

출처: 임지현·조서연, 『연합뉴스』, 2023. 3. 19.(https://v.daum.net/v/20230319080105429)

1. 베트남 유학생 A씨가 월세 계약 과정에서 어려움을 겪은 주된 이유는 무엇인가요?

① 부동산 중개인이 계약을 거절했기 때문에

② '월세'와 '보증금' 등의 용어가 익숙하지 않았기 때문에

③ 계약서에 오류가 많았기 때문에

④ 친구가 함께 가지 못했기 때문에

2. 전문가 등이 제안한 외국인 유학생 지원 방안으로 알맞지 않은 것은 무엇인가요?

① 영문 부동산 표준 계약서 제작 및 배포

② 부동산 계약 통역 서비스 제공

③ 부동산 앱의 언어 번역 기능 강화

④ 외국인 유학생의 계약 자율화 및 중개인 배제

3. 서울시립대학교 유학생회 부회장이 언급한 외국인 유학생이 집을 구할 때 겪는 어려움은 무엇인가요?

4. 외국인 유학생이 부동산 계약 과정에서 사각지대에 놓이는 이유는 무엇인가요?

다음은 '주택 임대차 표준 계약서'의 일부입니다. 다음 내용을 읽고 물음에 답해 봅시다.

제4조(임차주택의 사용·관리·수선) ① 임차인은 임대인의 동의 없이 임차주택의 구조 변경 및 전대나 임차권 양도를 할 수 없으며, 임대차 목적인 주거 이외의 용도로 사용할 수 없다.

② 임대인은 계약 존속 중 임차주택을 사용·수익에 필요한 상태로 유지하여야 하고, 임차인은 임대인이 임차주택의 보존에 필요한 행위를 하는 때 이를 거절하지 못한다.

③ 임대인과 임차인은 계약 존속 중에 발생하는 임차주택의 수리 및 비용부담에 관하여 다음과 같이 합의한다. 다만, 합의되지 아니한 기타 수선 비용에 관한 부담은 민법, 판례 기타 관습에 따른다.

④ 임차인이 임대인의 부담에 속하는 수선 비용을 지출한 때에는 임대인에게 그 상환을 청구할 수 있다.

제7조(계약의 해지) ① 임차인은 본인의 과실 없이 임차주택의 일부가 멸실 기타 사유로 인하여 임대차의 목적대로 사용할 수 없는 경우에는 계약을 해지할 수 있다.

② 임대인은 임차인이 2기의 차임액에 달하도록 연체하거나, 제4조 제1항을 위반한 경우 계약을 해지할 수 있다.

제8조(갱신요구와 거절) ① 임차인은 임대차기간이 끝나기 6개월 전부터 2개월 전까지의 기간에 계약갱신을 요구할 수 있다. 다만, 임대인은 자신 또는 그 직계존속·직계비속의 실거주 등 주택임대차보호법 제6조의3 제1항 각 호의 사유가 있는 경우에 한하여 계약갱신의 요구를 거절할 수 있다. ※별지2) 계약갱신 거절통지서 양식 사용 가능

② 임대인이 주택임대차보호법 제6조의3 제1항 제8호에 따른 실거주를 사유로 갱신을 거절하였음에도 불구하고 갱신요구가 거절되지 아니하였더라면 갱신되었을 기간이 만료되기 전에 정당한 사유 없이 제3자에게 주택을 임대한 경우, 임대인은 갱신거절로 인하여 임차인이 입은 손해를 배상하여야 한다.

③ 제2항에 따른 손해 배상액은 주택임대차보호법 제6조의3 제6항에 의한다.

출처: https://www.moj.go.kr/moj/314/subview.do

1. 임차인이 임대인의 동의 없이 할 수 없는 일은 무엇인가요?

① 전입 신고

② 집의 구조 변경

③ 전기 요금 납부

④ 월세 납부

2. 임대인이 계약을 해지할 수 있는 경우는 무엇인가요?

① 임차인이 외국인 등록증을 늦게 제출한 경우

② 임차인이 월세를 두 달 치 연체한 경우

③ 임차인이 보증금 일부를 돌려받은 경우

④ 임차인이 계약 갱신을 요구한 경우

3. 임차인이 임대인의 부담에 속하는 수선 비용을 대신 지출한 경우, 무엇을 할 수 있나요?

4. 임대차 기간이 끝나기 전에 임차인이 계약을 갱신하고 싶다면, 언제부터 언제까지 갱신을 요구할 수 있나요?

듣기 | 말하기 | 읽기 | **쓰기**

한국의 임대 제도 또는 여러분 나라의 주택 임대 방법과 특징을 설명하는 글을 써 봅시다.

1. 간단한 개요를 작성해 봅시다.

구분	내용
1문단	
2문단	
3문단	
4문단	
5문단	
6문단	

2. 여러분이 작성한 개요를 바탕으로, 임대 방법과 특징에 대해 글을 써 봅시다.

정보 알아 두면 유용해요!

다음은 등기부등본을 확인하는 방법입니다.

[집합건물] 강원도 00시 00동 123번지 제101호 ❶

【 표 제 부 】 (1동의 건물의 표시)

표시번호	접수	소재지번, 건물명칭 및 번호	건물 내역	등기원인 및 기타사항
1	1989년10월30일	강원도 00시 00동 123번지 [도로명주소] 강원도 00시 00길 1	철근콘크리트구조 아파트 ❷ 지1층 490㎡ 1층 501㎡ (생 략)	

(대지권의 목적인 토지의 표시)

표시번호	소재지번	지목	면적	등기원인 및 기타사항
1	1. 강원도 00시 00동	대	1,000㎡	1989년10월30일 등기

【 표 제 부 】 (전유부분의 건물의 표시)

표시번호	접수	건물번호	건물내역	등기원인 및 기타
1	1989년10월30일	제1층 제101호	철근콘크리트구조 40㎡ ❸	

(대지권의 표시)

표시번호	대지권 종류	대지권 비율	등기원인 및 기타사항
1	1. 소유권대지권	550분의 10 ❹	별도등기 있음 ❺ 1토지(근저당권 설정 등기)

▶[표제부]: 건물의 기본 정보 확인

① 주소 확인: 등기부등본의 주소와 계약서에 적힌 주소가 같은지 확인

② 건물 용도 확인: 주거용 건물인지 확인

③ 전유 부분 면적 확인: 빌리는 부분의 면적이 맞는지 확인

④ 대지권 확인: 임대인이 땅(대지)에 대한 권리가 있는지 확인

⑤ 별도 등기 확인: 별도 등기란 토지에 특이 사항이 있다는 뜻으로, 토지에 다른 권리가 있는지 확인

【 갑 구 】 (소유권에 관한 사항)

표시번호	등기목적	접수	등기원인	권리자 및 기타사항
1	소유권 보존	1989년10월30일 제123456호 ❶		소유자 김00 680423-******* 부산광역시 부산진구 00동
2	소유권 이전	1991년11월21일 제65456호	1989년10월30일 매매	소유자 전00 610608-******* 서울시 은평구 00동 ❷
3	압류 ❸	2022년1월13일 제65446호		

▶[갑구]: 소유권과 관련된 정보 확인

① 소유권 보존일 확인: 건물이 언제 처음 등기되었는지 알 수 있음

② 현재 소유자 확인: 가장 아래에 적힌 소유자가 현재 집을 가진 소유자임. 그 소유자와 계약할 사람(임대인)의 인적 사항이 같은지 확인

③ 압류 등 확인: 집이 압류되었거나 법적 문제가 있는지 확인

【 을 구 】 (소유권 이외의 권리에 관한 사항)

표시번호	등기목적	접수	등기원인	권리자 및 기타사항
1	근저당권설정 ❶	2018년8월6일 제123456호	2018년7월10일 설정계약	채권최고액 금2,000,000,000원 ❷ 채무자 김00 ❸ 광주광역시 남구 00동 근저당권자 00은행 123456-***** 서울특별시 중구 00동

▶[을구]: 소유권 이외의 권리, 근저당 확인

① 근저당권 확인: 근저당권이 없는 경우 이곳이 비어 있음. 집에 돈을 빌린 기록이 있는지 확인

② 채권 최고액 확인: 빌린 돈의 최대 금액을 확인

③ 채무자 확인: 보통의 경우 '채무자'로는 임대인(=소유주), '근저당권자'로는 돈을 빌려준 금융 기관 혹은 개인이 적혀 있음. 돈을 빌린 사람이 집주인인지 확인

사진 출처: HUG안심전세포털

제5과

생활 서비스

제5과 생활 서비스

1. 입주 청소에 대해서 들어 보거나 입주 청소를 이용해 본 적이 있나요?
2. 한국에서 이사를 할 때 이사 업체를 이용해 본 적이 있나요? 있다면, 어떤 점이 여러분 나라와 같거나 다른가요?
3. 이사를 위해 견적을 받을 때 어떤 점을 고려해야 할까요?
4. 인테리어 공사를 해 본 적이 있나요? 한국에서 인테리어 공사를 한다면 어떤 부분을 하고 싶어요?
5. 인테리어 공사 후 불만족스러운 부분이 있다면 어떻게 해결하겠어요?

들어가기 

❶ 여러분 나라에는 입주 청소 업체가 있나요?
❷ 입주 청소 업체와 계약하기 전에 어떤 것을 물어보면 좋을까요?

다음 대화를 듣고 답하세요.

1. 이 사람이 청소를 맡기려는 이유는 무엇인가요?

① 이사 후에 집이 너무 더러워서
② 입주 전에 방을 깨끗하게 하고 싶어서
③ 집주인이 청소를 요청해서
④ 벽지와 바닥을 새로 바꾸기 위해서

2. 청소 서비스의 총 예상 금액은 얼마인가요?

① 18만 원 ② 20만 원 ③ 25만 원 ④ 30만 원

3. 이 사람이 청소를 예약한 날과 시간은 언제인가요?

들어가기

❶ 한국에서 이사 업체를 이용해 본 적이 있나요?
❷ 이사 업체를 이용할 때 가장 신경 쓰이는 부분은 뭐예요?

다음 대화를 듣고 답하세요.

1. 이 사람이 이용하려는 이사 서비스는 무엇인가요?

① 포장 이사
② 운반만 하는 소형 이사
③ 장거리 이사
④ 사무실 이전 이사

2. 이사 비용은 얼마인가요?

① 15만 원
② 18만 원
③ 20만 원
④ 23만 원

3. 이 사람은 어디에서 어디로 이사하나요?

4. 이사 예약을 확정하려면 무엇을 먼저 해야 하나요?

들어가기

❶ 인테리어 업체를 이용해 본 적이 있나요?
❷ 도배나 바닥 수리, 화장실 타일 교체 등을 할 때 가장 중요하다고 생각하는 부분은 뭐예요?

다음 대화를 듣고 답하세요.

1. 이 사람이 인테리어 업체에 연락한 이유는 무엇인가요?

① 욕실 타일 색이 마음에 들지 않아서
② 샤워실 바닥의 물이 잘 빠지지 않아서
③ 욕실 조명이 너무 어두워서
④ 시공 날짜를 변경하려고

2. 직원이 문제를 해결하기 위해 제시한 방법은 무엇인가요?

① 다음 주에 새로 공사하기로 했다.
② 사진만 보고 처리하기로 했다.
③ 기사님이 방문해 다시 시공하기로 했다.
④ 다른 업체에 의뢰하기로 했다.

3. 이 사람이 보낸 영상에서 확인된 문제는 무엇인가요?

4. 문제를 해결하기 위해 이 사람이 추가로 내야 하는 비용은 얼마인가요?

다음의 상황별로 견적을 비교하는 대화를 만들어 봅시다.

1. 이사 업체

- 한빛이사: 비용 35만 원, 기사 2명, 포장 이사
- 행복이사: 비용 25만 원, 기사 1명, 포장은 의뢰자가 직접 해야 함

2. 입주 청소 업체

- 하나청소: 비용 70만 원, 친환경 세제 사용, 고압 세척기 등 전문 장비 사용, 후기가 대체로 긍정적이나 비용 면에서 불만족스럽다는 후기가 있음
- 클린업청소: 비용 50만 원, 일반 세제 사용, 전문 장비 없음, 청소로 인한 피해 보상 보험 가입, 긍정적인 후기가 많음

3. 인테리어 업체

- 미소도배: 합지 벽지 도배 30만 원, 실크 벽지 도배 70만 원, 3주 후에 시공 가능(이사 전 시공 불가능)
- 대구도배: 합지 벽지 도배 35만 원, 실크 벽지 도배 80만 원, 이번 주말에 시공 가능(이사 전 시공 가능)

예시

한나 나 다음 주에 이사하거든. 이사 업체 두 군데에서 견적을 받았는데 어디로 할지 고민돼.

토모 그래? 어디 어디 알아봤어?

한나 한빛이사는 35만 원이고, 포장 이사야.

토모 오, 괜찮다. 그럼 다른 곳은?

한나 행복이사는 25만 원인데, 내가 직접 짐을 싸야 돼.

토모 한빛이사는 가격이 비싼 반면에 네가 포장을 하지 않아도 되니까 편하겠네.

한나 맞아. 기사님이 두 분이라 비용은 더 들지만, 짐이 많을 때는 편하대.

토모 행복이사는 비용이 저렴한 대신에 네가 직접 해야 할 일이 많을 것 같아.

한나 그렇지. 나는 책도 많고 침대랑 가구도 여러 개 있으니까, 포장 이사가 편할 것 같아.

토모 맞아, 네가 혼자 짐을 싸기엔 무리일 거 같아. 그리고 이사 비용이 좀 더 들지만 시간과 노력을 아낄 수 있으니까 좋잖아.

한나 그 말이 맞는 것 같아. 오늘 안으로 전화해서 예약해야겠다.

다음은 일정 조정 및 보수가 필요한 상황입니다. 예시를 참고해서 대화를 만들어 봅시다.

1 인테리어 일정: 도배와 조명 교체 의뢰, 자재 입고가 지연되어 일정이 늦어짐, 금요일 입주 청소가 예약되어 있어서 그 전에 공사가 끝나야 함, 안방 창문 옆 벽지 마감 보수 요청, 목요일 오전까지 완료 가능

2 입주 청소 일정: 25일 이사 예정, 19일에 청소 예약을 하였음, 이사 일자 변경으로 16일~18일 중 하루로 변경하고자 함, 친환경 세제 사용 희망

3 이사 일정: 11월 10일 이사 예정, 11월 10일 12시에 예약하였음, 이사 일정 변경으로 반드시 11월 10일 오전 중에 집을 비워 줘야 함, 짐은 대형 캐리어 2개와 싱글 침대, 책상, 의자, 소형 가전제품 3개 정도, 포장 이사는 불필요

사용할 문형

❶ **혹시 -(으)ㄹ 수 있을까요:** 상대방에게 정중하게 부탁이나 요청을 할 때 사용하며, '혹시'를 덧붙여서 부드러움을 표현한다.

예 혹시 내일까지 결과를 보내 주실 수 있을까요?

❷ **-아/어 주시면 감사하겠습니다:** 상대방에 대한 공손한 부탁의 말로, 주로 이메일, 전화, 공식적인 안내 등에서 자주 사용된다.

예 일정이 변경될 경우 일주일 전에 알려 주시면 감사하겠습니다.

예시

한나 안녕하세요. 지난주에 도배랑 조명 교체를 맡겼던 김한나인데요. 오늘 확인해 보니까 공사가 아직 안 끝났더라고요.

직원 아, 죄송합니다 고객님. 자재가 늦게 입고되어서 일정이 조금 밀렸습니다.

한나 제가 이번 주 금요일에 입주 청소를 예약해 놔서요. 혹시 내일까지 마무리해 주실 수 있을까요?

직원 내일은 조금 빠듯할 것 같고요. 목요일 오전까지는 꼭 마무리하겠습니다.

한나 네, 알겠어요. 조명 설치까지 함께 끝나는 거죠?

직원 네, 목요일 오전까지 도배와 조명 모두 완료해 두겠습니다.

한나 감사합니다. 그럼, 제가 목요일 오후에 확인하러 가도 될까요?

직원 네, 오후 두 시쯤 오시면 모든 작업이 끝나 있을 겁니다.

한나 한 가지 더 부탁드리고 싶은 게 있는데요. 안방 창문 옆에 벽지 마감이 좀 덜 된 거 같던데, 확인해 주시면 감사하겠습니다.

직원 네, 그 부분도 확인하겠습니다. 추가 작업이 필요한 경우 추가 비용 없이 보수해 드리겠습니다.

한나 네, 감사합니다.

직원 목요일에 확인해 보시고 보수해야 할 부분이 있으면 전화 주십시오. 잔금은 목요일에 집에 가셔서 공사 상황을 모두 확인하신 후에 보내 주시면 됩니다.

다음은 청소 업체 이용 후기입니다. 읽고 대답해 봅시다.

이번 주말에 이사하면서 입주 청소를 맡겼습니다. 처음엔 제가 직접 청소하려고 했지만, 오래된 아파트라서 엄두가 안 나더라고요. 견적이랑 예약 상담은 전화로 간단하게 했고, 직원 두 분이 오셔서 주방, 욕실, 창문까지 꼼꼼하게 청소해 주셨어요. 청소 전에는 묵은 먼지도 많고 뭔지 모를 쿰쿰한 냄새도 났는데, 청소가 끝나고 나서는 새 집처럼 깨끗해졌습니다. 특히 냉장고 안쪽과 환풍기까지 닦아 주셔서 정말 만족스러웠어요. 그렇지만, 주방 싱크대의 얼룩은 완전히 지워지지 않았더라고요. 너무 오래된 거라 그렇겠죠? 그래도 전체적으로 서비스가 친절하고 결과도 좋아서 다음에 다시 이용하고 싶습니다.

1. 글쓴이가 청소를 맡기게 된 이유는 무엇인가요?

① 요즘 회사 일이 바빠 시간이 없어서

② 오래된 아파트라 직접 청소하기 어려워서

③ 비용이 저렴하고 친절하다고 들어서

④ 친구가 추천해서

2. 글쓴이가 특히 만족했다고 한 부분은 무엇인가요?

① 주방 싱크대 얼룩을 깨끗이 지운 것

② 냉장고 안쪽과 환풍기까지 청소해 준 것

③ 청소 시간이 아주 짧았던 것

④ 청소비가 예상보다 저렴했던 것

3. 글쓴이가 아쉬웠던 점은 무엇인가요?

다음은 도배와 관련된 신문 기사의 일부입니다. 읽고 대답해 봅시다.

"100만 원의 기적"…도배 하나로 집안 분위기 '확' 살리는 법

…(전략)…

우리 집에 맞는 벽지는 뭐가 있을까?

우선, 벽지의 종류부터 알아보겠습니다. 실크 벽지는 PVC 소재로 종이 벽지를 두 겹으로 겹친 구조로 되어 있습니다. 벽에 바로 바르는 것이 아니고 '초배지'라고 하는 부직포를 먼저 바르고 그 위에 붙이는 방식으로 작업합니다. 그래서 작업이 끝나고 나면 벽지가 벽에 떠 있는 느낌이 듭니다. 만져보면 벽의 딱딱한 느낌이 아니라 탄성이 느껴집니다. 간혹 소비자께서 이 느낌 때문에 하자가 아니냐고 이야기하시는 경우도 있는데 실크 벽지의 특성에 따른 것이니 안심하셔도 됩니다.

실크 벽지는 내구성이 강해서 오랫동안 사용할 수 있습니다. 이물질 제거도 쉽습니다. 여러 장점 때문에 일반적으로 많이 사용됩니다. 시공 과정에서 '이음매 맞댐 시공'을 할 줄 아는 전문 시공자가 필요하기 때문에 인건비도 합지 시공에 비해 비쌉니다. 또 표면이 플라스틱 재질은 PVC 성분으로 되어 있어서 수분 조절이 어렵고 피부와 기관지에 좋지 않을 수 있습니다.

합지는 종이 소재의 벽지입니다. 풀을 발라 벽에 바로 붙이는 방식으로 작업합니다. 실크 벽지에 비해 가격이 저렴하고 쉽게 도배를 할 수 있습니다. 종이 재질이기 때문에 인체에 해가 없습니다. 하지만 색깔이 잘 변하고 오염과 습기에 약합니다. 오염이 되어서 벽지를 닦으면 결이 일어납니다. 합지는 다시 소폭합지와 광폭합지로 나뉘는데요. 벽지 폭이 53cm이면 소폭합지, 93cm이면 광폭합지입니다. 최근에는 대부분 광폭합지를 사용하고 있습니다.

광물이나 식물에서 추출한 소재로 만든 천연 벽지도 있습니다. 앞서 말씀드린 초배지 방식으로 시공합니다. 친환경 재료로 만들었기 때문에 유해물질이 들어가 있지 않고 탈취, 항균, 음이온 발생의 효과가 있습니다. 아토피나 천식으로 고생하고 있거나 실내 공기에 민감한 영유아나 노약자가 계신 집에서 시공하면 좋습니다.

…(후략)…

출처: 집닥(글)/집코노미(정리), 『한국경제』, 2018. 10. 3.
(https://n.news.naver.com/mnews/article/015/0004019995?sid=101)

1. 실크 벽지의 특징으로 옳지 않은 것은 무엇인가요?

① 내구성이 강해서 오래 사용할 수 있다.

② 쉽게 오염되고, 닦으면 결이 일어난다.

③ 시공을 할 줄 아는 전문 인력이 필요하다.

④ 수분 조절이 어렵고 피부와 기관지에 좋지 않을 수 있다.

2. 합지 벽지에 대한 설명으로 옳은 것은 무엇인가요?

① 가격이 비싸고 시공이 어렵다.

② 수분 조절이 어렵고 인체에 해롭다.

③ 종이 재질로 만들어져 인체에 해가 없다.

④ 초배지를 먼저 붙인 뒤 그 위에 시공한다.

3. 실크 벽지 시공 후 벽이 딱딱하지 않고 탄성이 느껴지는 이유는 무엇인가요?

4. 천연 벽지를 시공하면 좋은 점을 두 가지 쓰세요.

서비스 이용 후 문제점을 발견하여 업체에 정중하게 불만을 제기하고 문제 해결을 요청하는 이메일을 작성해 봅시다.

1. 이사 업체, 청소 업체, 인테리어 업체 등을 이용한 후 불만이 생긴 상황을 간단하게 정리해 봅시다.

- 이용한 서비스 종류:
- 서비스 후 발견한 문제:
- 불만 사항:
- 구체적인 요청 사항:
- 감사의 말, 연락 요청:

2. 위에서 정리한 내용을 바탕으로 이메일을 작성해 봅시다.

정보 알아 두면 유용해요!

이사하기 전에 할 일

※ 아래의 이사하기 전에 점검할 내용은 한국법령정보원이 운영하는 '찾기쉬운 생활법령정보' 홈페이지의 이사 체크리스트의 일부입니다.

1 이사 2주 전에 해야 할 일

- 이사 일정이 정해지면 허가받은 이사 대행업체를 선정하여 예약합니다.
- 이사 방법(포장 이사 또는 보통 이사)을 결정해 이사 대행업체와 계약합니다. 포장 이사를 이용할 때는 표준 계약서를 받아 둡니다.
- 베란다, 옥상, 창고 등을 정리합니다.
- 불필요한 물품을 정리합니다.

2 이사 1주 전에 해야 할 일

- 고층 아파트 이사 시 관리 사무소에 엘리베이터 이용을 예약합니다.
- 각종 통장과 신용 카드 주소 변경을 합니다.
- 우체국에 주소 이전 신고를 합니다.
- 수도 요금, 전기 요금 등 공과금 및 아파트 관리비를 납부합니다.

3 이사 2~4일 전에 해야 할 일

- 이사 갈 집의 전압 콘센트 위치, 방 크기, 창문 위치를 확인합니다.
- 가구 배치도를 작성합니다.
- 앵글, 선반, 커튼, 휘장, 칸막이 등 구조물을 철거합니다.
- 전입 신고는 이사 후 14일 이내에 하게 되어 있으나, 이사 전에 미리 하는 것이 좋습니다.

정보 **알아 두면 유용해요!**

4 이사 하루 전에 해야 할 일

- 짐 정리를 마무리합니다.
- 세탁기 물빼기를 하고, 냉장고 정리 및 에어컨, 냉장고 배관을 정리합니다.
- 귀중품, 현금 등은 따로 보관합니다.
- 가스 시설을 철거합니다.

5 이사 당일에 해야 할 일

- 이삿짐, 집 안팎의 청소 등을 재점검합니다.
- 이사 요금을 정산합니다.
- 전기, 가스, 수도를 점검합니다.

6 이사 후에 해야 할 일

- 이삿짐 정리를 합니다.
- 인터넷 등을 개통하고, 에어컨 및 가전제품 등을 설치합니다.
- 아이를 전학시킵니다.
  - 초등학생의 경우 새 거주지의 행정 복지 센터에 전입 신고를 하러 갈 때 '취학 아동 전입 통지서'를 받아 놓습니다. 이 서류를 학교에 제출하면 바로 전학이 됩니다.
  - 중학생의 경우 전학용 재학 증명서를 떼어 해당 교육청에 제출해서 학교를 배정받아 전학시키면 됩니다.
  - 고등학생의 경우 이사한 주소의 주민 등록 등본을 떼어 해당 교육청에 제출해서 학교를 배정받아 전학시키면 됩니다.
- 주택 임대차 계약 확정 일자를 받습니다.

출처: https://easylaw.go.kr/CSP/CnpClsMain.laf?csmSeq=666&ccfNo=3&cciNo=1&cnpClsNo=1

MEMO

제2부

공공생활

제6과 공공 정보
제7과 공공 기관
제8과 계약
제9과 법률과 제도
제10과 복지와 교육

제6과

공공 정보

제6과 공공 정보

1. 한국에서 휴대폰으로 어떤 안내 문자를 받아 봤나요?
2. 여러분 나라에서는 재난이나 기상 특보를 시민들에게 어떻게 알리나요?
3. 한국에서 경험한 생활 규약 중 기억에 남는 것은 무엇인가요?
4. 여러분 나라에는 어떤 생활 규약이 있고, 한국과 어떤 점이 다른가요?
5. 한국에서 본 특별한 표지판이나 안내문 중 흥미롭거나 낯설었던 것은 무엇인가요?

들어가기

❶ 여러분은 휴대폰으로 재난 문자나 행정 안내 문자를 받아 본 적이 있나요? 있다면 어떤 내용이었나요?

❷ 지진이나 대형 산불 발생으로 인한 대피 문자, 겨울철 화재 예방이나 여름철 물놀이 안전 수칙과 관련된 안내 문자를 받으면 도움이 되나요? 도움이 되지 않는다면 왜 그런가요?

Track 15

다음 대화를 듣고 답하세요.

1. 대구광역시청 재난 문자는 어떤 내용을 담고 있나요?

① 태풍 주의 안내

② 건물 시설 관리 안내

③ 학교 전기 공사 안내

④ 지진 발생과 대피 안내

2. 잘 듣고 빈칸에 재난 문자와 관련된 내용을 써 보세요.

오늘 오전 10시 32분, 대구 북구에서 ________이/가 발생했습니다. 진동을 느낀 경우 ________(으)로 대피하고, ________ 이용을 삼가 주시기 바랍니다. [대구광역시]

3. 왜 무조건 밖으로 뛰어나가는 행동이 위험할 수 있나요?

① 건물 밖에서도 추가적인 사고가 발생할 수 있기 때문에

② 한국에서는 반드시 실내에만 있어야 하기 때문에

③ 지진은 위험하지 않으므로 그냥 실내에 있어도 되기 때문에

④ 지진이 발생하면 실내가 실외보다 훨씬 더 안전하기 때문에

들어가기

❶ 여러분은 한국에서 기상 특보나 교통 통제 안내를 받아 본 적이 있나요? 있다면 어떤 내용이었나요?
❷ 호우 경보, 한파 경보와 같은 기상 특보, 오존·미세 먼지와 같은 실시간 대기 정보, 사건·사고로 인한 교통 통제 안내와 같은 공공 정보는 어떻게 시민들에게 전달되는 것이 효과적일까요?

Track 16

다음 대화를 듣고 답하세요.

1. 대구지방기상청은 어떤 위험을 발표했나요?

① 대구 대설 특보
② 대구 폭염 특보
③ 금호강 수위 상승과 범람 위험
④ 함지산 산불 발생으로 인한 위험

2. 교통이 전면 통제된 지역은 어디인가요?

① 달성군과 수성구
② 동구와 중구 전역
③ 달서구와 북구 일부 도로
④ 수성구와 동구를 제외한 모든 지역

3. 시민들은 추가 안내를 어디에서 확인할 수 있나요?

① 북구청 홈페이지
② 대구시청 홈페이지
③ 경북대학교 홈페이지
④ 한국도로공사 홈페이지

들어가기

❶ 여러분 나라에서는 재난이나 긴급 상황이 발생했을 때 시민들에게 정보를 어떻게 전달하나요?
❷ 여러분 나라의 정보 제공 방식과 한국의 재난 문자 제도를 비교했을 때 각각은 어떤 장단점이 있다고 생각하나요?

Track 17

다음 대화를 듣고 답하세요.

1. 한국이 재난 문자 제도를 도입한 배경은 무엇인가요?

2. 이 제도의 장단점은 무엇인가요?

① 장점:

② 단점:

3. 앞으로 어떤 개선이 필요하다고 했나요?

①

②

더 생각해 보기

❶ 최근 받은 긴급 재난 문자나 안전 안내 문자 내용을 서로 소개해 보세요.
❷ 외국인의 입장에서 안전 안내 문자를 읽고 이해할 때 어떤 점이 어려운가요?

다음 예시 대화를 참고하여 한국에서 지켜야 할 생활 규약에 관한 대화를 만들어 봅시다.

1. 쓰레기 분리 배출

- 일반/생활 쓰레기 → 종량제 봉투에 담다.
- 음식물 쓰레기 → 전용 봉투나 수거 용기에 버리다.
- 재활용품 → 플라스틱, 비닐, 종이, 캔·고철, 유리병으로 구분하다.
- 대형 폐기물 → 스티커를 붙여서 배출하다.
- 과태료를 내다.

2. 집 안 안전 수칙

- 가스 밸브 확인 → 외출 전 반드시 잠그다.
- 전기 멀티탭 사용 → 과부하가 걸리지 않게 하다.
- 소화기 비치 → 화재 초기 진압이 가능하다.
- 지진 발생 시 → 창문 근처를 피하다, 안전한 장소로 대피하다.
- 큰 사고로 이어지다.

3. 금연

- 버스 정류장 금연 → 다 같이 기다리는 공간이다.
- 실내 금연 → 식당·카페에서 간접흡연 피해가 크다.
- 학교·공원 금연 → 학생, 어린이 건강에 해가 되다.
- 아파트 복도·엘리베이터 금연 → 공동 주거 공간이다.
- 다른 사람들에게 피해를 주다.

4. 불법 주정차

- 소방차 진입로 막음 → 화재 시 위험하다.
- 버스 정류장 앞 주정차 → 대중교통 이용이 불편하다.
- 교차로 모퉁이 주정차 → 시야를 가려 교통사고 위험이 높아지다.
- 장애인 전용 구역 주차 → 사회적 약자에 대한 배려가 부족하다.
- 범칙금을 물다.

예시

나 어제 쓰레기를 버리러 갔다가 관리 사무소 아저씨한테 혼났어. 내가 일반 쓰레기를 그냥 봉투에 담아 버렸거든.

친구 한국에서 생활 쓰레기는 꼭 종량제 봉투에 담아야 해. 음식물 쓰레기도 전용 봉투를 쓰거나 음식물 수거 용기에 버려야 하고. 근데 뼈나 조개껍데기 같은 건 음식물이 아니라 일반 쓰레기로 버려야 한다!

나 아, 그렇구나. 그런데 재활용품은 어떻게 나눠야 해?

친구 플라스틱, 비닐, 종이, 캔·고철, 유리병으로 구분해야 하고, 특히 투명 페트병은 라벨과 뚜껑을 떼고 깨끗이 씻어서 전용 배출함에 넣어야 해. 대형 폐기물은 스티커를 붙여 내놔야 수거돼.

나 생각보다 복잡하네. 그냥 버리는 게 아니라 규칙이 있구나.

친구 맞아. 번거롭기는 하지만 환경을 위해 꼭 지켜야 하고, 안 지키면 과태료를 내게 돼.

듣기 | **말하기 2** | 읽기 | 쓰기

한국에서 경험한 생활 규약에는 어떤 것이 있나요? 한국에서의 경험과 여러분 나라와의 다른 점을 간단히 메모한 후에 발표해 봅시다.

알렉세이의 경험

1. 한국에서의 경험: 지하철 이용 규칙

- 지하철 안에서 취식 금지
- 교통 카드 승하차 모두 태그
- 노약자석 비워 두기
- 줄을 서서 차례대로 승차

2. 러시아와의 비교

- 지하철 안에서 음식 먹는 사람도 있음
- 승차 시에만 태그
- 노약자석이 잘 지켜지지 않음
- 혼잡 시 줄 안 서고 먼저 탐

3. 느낀 점

- 한국은 규칙이 체계적이고 잘 지켜져서 쾌적함
- 러시아는 자유롭지만 혼잡할 때 불편함

나의 경험

1. 한국에서의 경험:

-
-

2. ________ 와의 비교

-
-

3. 느낀 점

사용할 문형

❶ **-(으)ㄴ/는 N이/가 인상적이다:** 사람, 경험, 말, 행동 등을 접한 뒤 그중 특정한 대상이나 부분이 기억에 남거나 강한 느낌을 주었음을 설명할 때 쓰는 표현이다. N 자리에는 '것, 점, 부분, 모습, 장면, 태도, 과정, 말, 대목, 발언, 주장' 등의 명사가 자주 쓰인다.

예 여든이 가까운 나이에도 강의실에서 열심히 필기하고 질문하는 모습이 인상적이었습니다.

예 실패를 두려워하지 말라는 작가의 말이 가장 인상적이었습니다.

❷ **-다는 것을 깨닫다:** 어떤 경험이나 사건을 겪은 뒤 이전에는 알지 못했던 사실이나 생각을 뒤늦게 인식하거나 이해하게 되었음을 나타낼 때 쓰는 표현이다.

예 직접 일을 해 보면서 준비의 중요성을 간과해서는 안 된다는 것을 깨달았습니다.

예 여러 사람의 의견을 듣고서야 문제를 혼자 해결하려 했던 것이 오히려 한계가 될 수 있다는 것을 깨달았습니다.

예시

저는 한국과 러시아의 지하철 이용 규칙을 비교해 보고 싶습니다. 한국의 지하철에서 가장 먼저 느낀 점은 규칙이 엄격하게 지켜진다는 것이었습니다. 음식은 전혀 먹지 않고, 승차와 하차 시 모두 교통 카드를 찍어야 했습니다. 노약자석도 항상 비워 두는 분위기라 임산부와 노인을 배려하는 문화가 잘 드러났습니다. 또 사람이 많을 때도 줄을 서서 차례대로 타는 모습이 인상적이었습니다.

반면에 러시아의 지하철은 조금 다릅니다. 지하철 안에서 과자를 먹는 승객들을 자주 볼 수 있고, 요금은 승차할 때만 지불합니다. 노약자석이 있기는 하지만 젊은 사람들이 차지하는 경우도 많아 규칙이 잘 지켜지지 않습니다. 게다가 출퇴근 시간처럼 혼잡할 때는 줄을 서지 않고 서로 먼저 타려는 경우가 흔합니다. 이런 점 때문에 이동이 불편해지는 경우도 종종 있습니다.

두 나라의 지하철 이용 규칙을 비교하면서 저는 한국의 규칙이 처음에는 복잡하고 불편하다고 느꼈지만, 결국 더 안전하고 쾌적한 환경을 만든다는 것을 알게 되었습니다. 반대로 러시아는 자유롭지만 그만큼 질서가 부족해 불편이 생길 수 있다는 것을 깨달았습니다.

들어가기

❶ 여러분은 일상생활에서 공지문, 안내문, 표지판을 자주 보게 되는데요. 이를 통해 주로 어떤 공공 정보를 알 수 있나요?
❷ 공지문, 안내문, 표지판은 전달 목적이나 표현 방식에서 어떤 차이가 있다고 생각하나요?

공지문·안내문·표지판

사람들이 일상생활에서 자주 접하는 공지문, 안내문, 표지판은 모두 공공의 정보를 전달하기 위해 만들어졌다. 이들의 가장 큰 목적은 필요한 내용을 간단하고 명확하게 알림으로써 시민의 안전을 보장하고 질서를 유지하는 것이다. 세 가지 유형은 비슷해 보이지만, 언어 사용 방식에서 차이가 있다.

정부24 임시 서비스 재개 안내

*일부 서비스에 오류가 있을 수 있음을 양해해 주시기 바라며,
*아래 증명서의 경우 정부24 외 개별 시스템을 이용하여 발급 가능합니다.

-건축물대장: 세움터(https://www.eais.go.kr)
-운전경력증명서: 경찰 민원포털(https://www.efine.go.kr)

※서비스가 정상화될 수 있도록 신속하게 조치하겠습니다.

먼저 공지문은 학교, 회사, 관공서 같은 기관이나 단체에서 공식적으로 사실이나 결정을 알릴 때 작성된다. 행사 일정 변경, 시설 점검, 규칙 개정, 합격자 발표처럼 중요한 정보를 전달하며, 격식을 갖춘 문장이 사용된다. '공지합니다', '알려드립니다', '다음과 같이 공개합니다'와 같은 표현이 자주 쓰이고, 날짜와 장소, 발신 기관이 명확히 표기된다.

안내문은 시설이나 기관 이용자에게 특정 공간이나 상황에서 지켜야 할 규칙이나 절차를 알리기 위해 사용된다. 예를 들어, 도서관의 '쾌적한 환경을 유지하기 위하여 도서관 내부에서는 음식물 섭취가 제한됩니다', 아파트의 '밤 10시 이후에는 소음 발생 행위를 자제해 주시기 바랍니다' 같은 것이 대표적이다. 안내문은 비교적 설명적이고 예의 바른 표현을 사용하며, '협조 부탁드립니다', '양해 부탁드립니다'와 같은 완곡한 표현이

불법주차 금지 안내

이 도로는 주차금지 구역입니다.
불법주차시 견인 및 과태료가 부과(4~5만원)됩니다.
불법주차를 삼가 주시기 바랍니다.

○○구청장 | ○○경찰서장

나 'V-아/어 주십시오', 'V-(으)시기 바랍니다' 등의 문형이 자주 등장한다.

표지판은 시각적으로 짧고 명확하게 규칙이나 주의를 알린다. 공간적 제약이 크기 때문에 '금연 구역', '안전 속도 30', '주정차 금지'와 같은 짧고 직설적인 어휘가 쓰인다. 또한 색상이나 그림과 결합해 메시지를 강화하여 한눈에 빠르게 이해할 수 있도록 설계된다.

이처럼 공지문, 안내문, 표지판은 모두 같은 목적을 지니지만, 표현 방식이 상황과 맥락에 따라 달라진다. 따라서 이들의 언어적 특징을 살펴보는 것은 단순한 정보 이해를 넘어 한국 사회의 의사소통 문화를 이해하는 데 중요한 단서가 된다.

1. 이 글의 중심 내용은 무엇인가요?

① 공지문, 안내문, 표지판은 모두 같은 표현 방식을 사용한다.

② 공지문, 안내문, 표지판은 목적은 같지만 언어적 특징이 다르다.

③ 공지문은 짧은 단어 중심이고, 안내문은 시각 자료 중심이다.

④ 표지판은 예의 바른 표현을 사용해 독자에게 내용을 전달한다.

2. 이 글에서 말한, 시설 이용 안내문에서 볼 수 있는 표현은 무엇인가요?

① 진입 금지 ② 수영모를 반드시 착용해 주십시오.

③ 회전 차량 우선 ④ 최종 합격자를 다음과 같이 공고합니다.

3. 표지판의 언어적 특징으로 알맞은 것은 무엇인가요?

① 긴 설명과 날짜 제시 ② 격식을 갖춘 문장 사용

③ 간단한 단어와 그림 활용 ④ 독자에게 양해를 구하는 표현 사용

더 생각해 보기

❶ 여러분 나라의 공지문, 안내문, 표지판에는 어떤 어휘나 표현이 자주 쓰이나요?

❷ 한국과 비교할 때 공통점과 차이점은 무엇인가요?

들어가기 ☞

❶ 여러분이 한국에서 본 표지 중 특이하다고 느낀 것이 있나요? 있다면 어떤 표지였나요?

❷ '어린이 보호 구역', '노면 색깔 유도선', '노 키즈 존'과 같은 표지들은 각각 어떤 목적으로 만들어졌다고 생각하나요?

다음 글을 읽고 답해 봅시다.

안전에서 논쟁까지, 다양한 표지

한국에는 다양한 표지들이 있는데 이는 사회 변화와 안전에 대한 요구가 반영된 결과로 생겨난 경우가 많다. 그 예로 다음과 같은 표지를 살펴볼 수 있다.

첫째, 아동 보호 구역이다. 기존의 어린이 보호 구역(스쿨존)이 교통사고 예방을 위한 것이라면 아동 보호 구역은 유괴나 아동 대상 범죄를 막기 위해 만들어졌다. 2008년에 제도가 도입되었지만 최근 아동 유괴 시도가 사회 문제로 부각되면서 확대되고 있다. 대구에서는 중구가 아동 보호 구역 다섯 곳을 지정하고 주택가와 골목길에 CCTV와 순찰 인력을 배치함으로써 범죄 예방에 힘쓰고 있다. 주민들은 아이들이 안심하고 다닐 수 있는 환경이 마련되었다며 긍정적인 반응을 보이고 있다.

둘째, 노면 색깔 유도선이다. 고속도로 분기점과 나들목은 초행길 운전자들에게 혼란을 주어 사고 위험이 높았다. 이러한 문제를 경험한 한국도로공사 직원이 개선 아이디어를 제안하면서 분홍색과 녹색 유도선이 생겨났다. 실제로 유도선 설치 후, 2011년부터 2014년까지 해당 구간의 교통사고가 27% 줄었다고 한다. 짧은 선과 색채 변화만으로도 운전자의 주의를 환기시켜 안전을 높일 수 있음을 보여 준 사례다.

셋째, '노(No) 썸바디 존'이다. 일부 자영업자들은 아이들의 안전사고 우려와 일부 부모들의 부적절한 행동 때문에 불가피하게 어린이 출입을 금지하는 '노 키즈 존'을 도

입했다. 그러나 이것이 확산되면서 '노 아줌마 존', '노 다른 아파트 존', '노 중학생 존' 등 과도한 사례까지 등장했고, 사회적 논쟁을 불러왔다. 안전과 편의를 위한 불가피한 조치가 차별 문제로 이어진 것이다.

이처럼 한국의 표지들은 대체로 시민의 안전과 편의를 강화하기 위해 만들어졌지만, 일부는 사회적 갈등을 일으키기도 한다. 중요한 것은 어떤 계기로, 누구를 위해, 어떤 목적을 담아 표지를 만드느냐이다. 앞으로는 또 어떤 표지가 등장할까?

1. 이 글의 중심 내용은 무엇인가요?

① 한국의 모든 표지는 사회적 갈등을 일으킨다.

② 한국의 표지는 교통사고와 범죄 예방만을 목적으로 한다.

③ 한국의 표지는 다른 나라의 제도를 그대로 모방한 것이다.

④ 한국의 다양한 표지는 안전과 사회 변화의 요구 속에서 생겨났다.

2. 노면 색깔 유도선에 대한 설명으로 알맞은 것은 무엇인가요?

① 어린이 교통사고 예방을 위해 만들어졌다.

② 일부 부모의 무례한 행동 때문에 도입되었다.

③ 한국도로공사 직원의 아이디어에서 시작되었다.

④ 설치 이후 교통사고가 크게 늘어 폐지를 검토하고 있다.

3. 이 글의 결론에서 강조하는 내용으로 알맞은 것은 무엇인가요?

① 표지는 사회적 갈등을 줄이기 위해 필요하다.

② 표지는 만드는 이유와 대상, 목적이 중요하다.

③ 표지는 반드시 정부 기관에서만 만들어야 한다.

④ 표지는 모두 시민의 안전을 보장하는 긍정적 기능을 한다.

더 생각해 보기

❶ 여러분 나라에도 한국의 아동 보호 구역이나 도로의 색깔 유도선처럼 안전을 위해 만들어진 특별한 표지가 있나요? 있다면 어떤 표지인가요?

❷ 한국의 '노(No) 썸바디 존' 같은 표지가 필요하다고 생각하나요, 아니면 불필요하다고 생각하나요? 그렇게 생각하는 이유는 무엇인가요?

여러분의 경험을 담아 안내문 또는 표지판을 만들고 그것에 대해 설명하는 글을 작성해 봅시다.

1. 여러분이 생활하면서 불편하거나 위험하다고 느낀 점이 있나요? 있다면 무엇인가요?

2. 문제를 해결하기 위해 어떤 안내문이나 표지판이 필요하다고 생각하나요?

3. 내용은 안내문, 표지판, 플래카드, 전광판, 바닥 빔 프로젝터, 스티커 등 다양한 방식으로 전달할 수 있어요. 어떤 방식으로 알려야 효과적일까요?

플래카드 　 전광판 　 바닥 빔 프로젝터

4. 다음 [보기]처럼 메모해 봅시다.

보기

구분	안내문
문제	아이들이 놀이터에서 스마트폰만 사용함
장소	아파트 단지 내 놀이터 입구
목적	아이들이 신체 활동을 늘리고 또래와 어울릴 수 있도록 하기 위함
문구/그림	"이곳에서 스마트폰 대신 친구와 놀아요!"
방식(형식)	□ 안내문 □ 표지판 □ 스티커 ■ 플래카드 □ 기타
효과	아이들의 건강한 놀이 문화 형성, 부모 안심

일상생활에서 필요한 표지 제안하기

구분	안내문
문제	
장소	
목적	
문구/그림	
방식(형식)	□ 안내문 □ 표지판 □ 스티커 □ 플래카드 □ 기타
효과	

5. 여러분이 작성한 표를 바탕으로, 일상생활에서 필요한 표지에 관해 설명하고 제안하는 글을 써 봅시다.

정보 알아 두면 유용해요!

쓰레기 분리 배출 관련 정보

1 종량제 봉투

- 각 지역의 시, 구에서 판매하는 봉투를 사서 쓰레기를 버려야 함
- 동네 편의점이나 마트에서 구입 가능
- 봉투 가격은 지역과 봉투 크기에 따라 다름

2 재활용품인 척하는 쓰레기

- 색깔이 들어 있는 스티로폼, 치킨 상자 속 기름종이, 컵라면 용기, 음식물이 제거되지 않은 마요네즈나 케첩 통, 과일 망, 과일 포장재, 깨진 병, 도자기류, 아이스팩, 문구류, 고무장갑, 슬리퍼, 노끈, 전단지, 쇼핑 봉투, 비닐 코팅이 된 종이, 장난감, 유모차, 보행기 등

3 재활용품

- 내용물 비우기 → 헹구기 → 분리하기 → 섞지 않기
- 자세한 내용은 '내손안의 분리배출' 앱 이용

4 헌 옷

- 헌 옷 수거함에 세탁된 옷·가방·신발만 넣기
- 신발은 비닐에 담아서 넣기
- 이불·쿠션·젖은 옷은 금지

5 폐가전제품

- 폐가전제품 무상 수거 서비스 전화 1599-0903

정보 알아 두면 유용해요!

안전 관련 정보

1 공유 킥보드

- '원동기 면허 이상'을 가지고 있어야 함
- 안전모를 반드시 착용해야 함

2 고속도로 교통사고 시 2차 사고 예방법

- 차량 내 체류 금지
- 비트박스[**비**상등 켜기, **트**렁크 열기, **박**(밖)으로 나가기, **스**마트폰으로 신고하기]
- 가드레일 넘어 대피

3 안전신문고 앱/홈페이지

- 불법 주정차, 시설 파손, 안전 위험 요소 신고 가능
- 외국인도 가입해서 사용 가능

제7과

공공 기관

공공 기관

1. 한국에서 시청, 구청, 출입국·외국인 사무소 같은 공공 기관에 가 본 적이 있나요?
2. 공공 기관에서는 어떤 업무를 볼 수 있나요?
3. 공공 기관을 방문할 때 어려웠던 점은 무엇인가요?
4. 여러분은 공공 기관에 직접 방문해서 일을 처리하는 편인가요, 아니면 인터넷을 이용하는 편인가요?
5. 여러분 나라의 공공 기관과 한국의 공공 기관은 어떤 점이 다른가요?

들어가기 ☞

❶ 여러분은 시청, 구청, 행정 복지 센터, 지구대, 파출소와 같은 장소에 방문한 적이 있나요?
❷ 각각의 장소는 어떤 곳이라고 생각하나요?

다음 대화를 듣고 답하세요.

1. 무엇에 대해 이야기하고 있나요?

① 공공 기관의 위치와 외관을 소개하고 있다.
② 공공 기관의 종류와 역할을 설명하고 있다.
③ 공공 기관에서의 대화 예절을 소개하고 있다.
④ 공공 기관을 방문할 때 주의할 점을 말하고 있다.

2. 대화의 내용과 일치하지 않는 것은 무엇인가요?

① 대구광역시청은 북구청보다 상위 기관이다.
② 지구대는 파출소보다 작고 지역마다 하나씩 있다.
③ 출입국·외국인 사무소는 외국인 체류 등의 업무를 담당한다.
④ 행정 복지 센터는 주민들의 생활에 필요한 일을 처리하는 곳이다.

3. 관계있는 것끼리 연결하세요.

비자 연장 •	• 산격3동 행정 복지 센터
지갑 분실 •	• 복현 지구대
아동수당 신청 •	• 대구 출입국·외국인 사무소

들어가기

❶ 시민들은 행정 관련 서비스 업무를 보기 위해 보통 시청이나 구청의 종합 민원실, 경찰서의 민원 봉사실, 행정 복지 센터 등을 이용해요. 여러분은 이러한 장소에서 어떤 일을 처리해 봤나요?
❷ 이러한 공공 기관에서 맡아보는 여러 일 중에서 시민들이 주로 이용하는 업무는 뭘까요?

다음 대화를 듣고 답하세요.

1. 무엇에 대해 이야기하고 있나요?

① 공공 기관의 위치를 설명하고 있다.
② 공공 기관의 근무 환경을 비교하고 있다.
③ 공공 기관에서 겪은 다양한 업무 처리 경험을 이야기하고 있다.
④ 공공 기관을 이용할 때 겪는 어려움을 이야기하고 있다.

2. 방문한 곳과 처리한 일로 알맞은 것은 무엇인가요?

① 시청 – 혼인 신고하기
② 구청 – 주민등록증 발급 신청하기
③ 경찰서 – 가족 관계 증명서 떼기
④ 행정 복지 센터 – 여권 재발급 신청하기

3. 마지막 사람은 왜 과태료를 물게 되었나요?

들어가기

❶ 다른 사람에게 피해를 입거나 범죄 사실을 알게 되었다면 어떻게 할 건가요?
❷ 만약에 지금 당장 범죄가 일어나고 있거나 누군가 위험에 처한 아주 긴급한 상황이라면 어떻게 할 건가요?

다음 대화를 듣고 답하세요.

1. 이 대화의 중심 내용으로 알맞은 것은 무엇인가요?

① 외국인을 위한 전용 사이버 교육 제도를 안내하고 있다.
② 외국인이 한국에서 경찰관이 되는 절차를 설명하고 있다.
③ 외국인이 알아야 할 범죄 신고 방법과 예방 수칙을 소개하고 있다.
④ 외국인 대상 범죄 통계 자료를 분석하고 해결 방법을 제시하고 있다.

2. 다음 중 경찰관이 말한 내용으로 알맞지 않은 것은 무엇인가요?

① 심각한 범죄 피해를 입어야만 지구대에 방문할 수 있다.
② 인터넷 중고 물품 구매 사기를 예방하려면 직거래가 가장 안전하다.
③ 인터넷 중고 거래 피해는 경찰서 사이버 수사팀에 신고해야 한다.
④ 휴대폰으로 112에 신고하면 말을 하지 않아도 신고자의 위치를 파악할 수 있다.

3. 매우 긴박한 상황에서 112에 전화를 건 후 여러분은 어떤 말을 할 것 같나요?

“ ______________________________ ”

더 생각해 보기

❶ 최근 발생하고 있는 외국인 대상 범죄에는 어떤 것이 있나요?
❷ 여러분은 일상생활에서 스스로의 안전을 지키기 위해 어떻게 하고 있나요?

다음 예시 대화를 참고하여 공공 기관에서 다양한 업무를 처리할 때 상황별 문제 해결 대화를 만들어 봅시다.

1. 대구 출입국·외국인 사무소: 외국인 등록증 재발급 신청

외국인 등록증 분실, 재발급 신청 필요 → 여권 → '등록증 재발급' 체크 → 수수료 어떻게 납부 → 수입 인지 구매 → 발급에 3주 정도 소요되다 → 접수증 보관

2. 북구청: 체류지 변경 신고

최근 이사, 체류지 변경 신고 필요 → 외국인 등록증, 임대차 계약서 원본, 거주/숙소 제공 확인서 → '체류지 변경 신고' 체크 → 어디에 제출 → 신고서 작성 후 창구 접수 → 즉시 처리 → 외국인 등록증 뒷면 주소란에 새 주소 기입

3. 북구청 무인 발급기: 출입국 사실 증명서 발급

회사에 제출, 출입국 사실 증명서 필요 → 신분증 → 민원실 입구 무인 발급기 이용 → 수수료 얼마 → 건당 1,000원 → 결제 후 바로 출력

4. 경찰서: 벌금 납부

교통 위반, 벌금 납부 필요 → 범칙금 고지서 → 5번 창구(무인 카메라 단속·과태료 납부 창구) → 가산금이 붙는지 궁금하다 → 기한 넘으면 부과, 하루 초과 → 어쩔 수 없다

예시

직원 안녕하세요. 어떤 업무 보러 오셨나요?

외국인 외국인 등록증을 분실해서 재발급 신청하려고 왔는데요.

직원 네, 여권은 가져오셨나요?

외국인 네, 여기 있어요.

직원 혹시 신고서는 작성해 오셨나요? 안 하셨으면 저기 비치대에 '통합신청서'가 있으니까 작성해 주세요. 신고서 왼쪽 '신청·신고 선택란'에는 '등록증 재발급' 항목에 체크(✓) 표시하시고, 오른쪽에는 여권용 사진 한 장을 붙여 주세요. 그리고 아래 칸에 있는 성명, 생년월일, 외국인 등록 번호, 신청인 서명 등의 내용을 작성하신 후에 12번 등록증 재발급 창구에 내시면 됩니다.

외국인 수수료는 어떻게 납부하나요?

직원 수입 인지를 구매하셔서 신청서에 붙이시면 됩니다.

외국인 등록증은 언제쯤 발급받을 수 있나요?

직원 발급까지는 약 3주 정도 소요되고요, 접수증은 잘 보관하셔야 합니다.

한국에서 어떤 공공 기관을 이용해 봤나요? 한국에서의 공공 기관 이용 경험을 소개하고, 개선되었으면 하는 내용을 말해 봅시다.

마리아의 경험

1. 방문 기관

- 장소: 대구 출입국·외국인 사무소
- 목적: 외국인 등록증 신청 및 발급

2. 경험 서술

- 예약 없이 방문했다가 다시 방문하기도 함
- 여권용 사진 준비 안 해서 무인 증명 사진기 이용
- 안내 직원의 도움 받음

3. 좋은 점

- 직원의 안내가 친절함
- 시스템이 체계적이고 절차가 명확함

4. 아쉬운 점

- 일부 안내문이 한국어로만 되어 있음
- 세부 절차를 정확하게 이해하기 어려움

5. 개선되었으면 하는 점

- 주요 안내문 다국어로 병기
- 외국인 서류 절차 쉽게 이해하도록 안내 강화

나의 경험

1. 방문 기관

- 장소:
- 목적:

2. 경험 서술

-
-
-

3. 좋은 점

-
-

4. 아쉬운 점

-
-

5. 개선되었으면 하는 점

-
-

사용할 문형

❶ **-았/었던 적이 있다:** 과거의 경험이나 상태를 구체적인 상황과 함께 회상하며 제시할 때 쓰는 표현이다.

예 처음 서류를 준비할 때 절차를 제대로 확인하지 않아서 여러 번 다시 제출했던 적이 있습니다.

예 시험을 앞두고 계획 없이 공부하다가 준비가 부족하다는 것을 나중에 알았던 적도 있습니다.

❷ **-기를 기대해 보다:** 앞으로 일어날 가능성이 있는 일이나 변화에 대해 결과가 긍정적이기를 조심스럽게 바라고 있음을 나타낼 때 쓰는 표현이다.

예 이번 논의를 계기로 문제가 원만하게 해결되기를 기대해 봅니다.

예 이러한 노력을 통해 장기적으로 교육 환경이 개선되기를 기대해 볼 수 있습니다.

저는 오늘 대구 출입국·외국인 사무소 이용 경험을 소개하겠습니다. 이곳은 한국에서의 생활을 공식적으로 시작하는 데 필요한 외국인 등록증 관련 업무를 담당하는 기관입니다.

처음 방문했을 때는 예약을 안 해서 접수하지 못한 적도 있고, 여권용 사진을 준비하지 않아 급히 촬영해야 했던 적도 있습니다. 그때 조금 당황스러웠지만, 입구에 있는 안내 직원이 친절하게 절차를 설명해 줘서 큰 도움이 되었고, 여권용 사진은 내부에 설치된 무인 증명 사진기 덕분에 바로 해결할 수 있었습니다. 또 예약제로 운영되다 보니 요즘은 이용할 때 대기 시간이 짧아서 좋습니다.

다만 한 가지 아쉬운 점이 있습니다. 표지판과 서식은 영어로 병기되어 있지만, 창구 주변 곳곳에 붙은 안내문이 대부분 한국어로만 되어 있어 세부 절차를 정확하게 이해하기가 어렵습니다. 이 점은 외국인에게는 다소 불편한 문제라고 생각합니다.

외국인도 내용을 쉽게 이해할 수 있도록 중요한 안내문이 다국어로 추가된다면 더욱 도움이 될 것입니다. 이러한 개선을 통해 외국인들이 좀 더 편리하게 업무를 볼 수 있기를 기대해 봅니다.

들어가기

❶ 한국에서는 온라인으로 생활에 필요한 행정 업무를 처리하는데요. '하이코리아', '정부24' 웹사이트를 이용해 본 적이 있나요?

❷ 이 웹사이트에서는 어떤 행정 업무를 처리할 수 있나요?

다음 글을 읽고 답해 봅시다.

온라인으로 행정 업무 처리하기

한국에서 장기적으로 생활하려면 외국인 등록증 발급 외에도 체류지 변경 신고나 체류 기간 연장 등 다양한 행정 업무를 스스로 처리해야 한다. 요즘은 이러한 절차를 직접 기관을 방문하지 않고도 온라인으로 간편하게 처리할 수 있다. 대표적인 사이트로는 '하이코리아'와 '정부24'가 있다.

'하이코리아(www.hikorea.go.kr)'에서는 자신이 거주하는 지역을 담당하는 출입국·외국인 사무소를 확인하고 방문 예약을 하거나 통합신청서를 미리 다운로드할 수 있다. 또한 홈페이지 '민원신청' → '전자민원' 온라인 메뉴에서 체류지 변경 신고, 체류 기간 연장 허가, 증명서 발급 등 여러 업무를 신청할 수 있다.

비자나 체류 관련 업무 외의 생활 행정 업무는 '정부24(plus.gov.kr)'를 통해 처리할 수 있다. 이 사이트에서는 행정 복지 센터나 구청을 방문하지 않아도 외국인 등록 사실 증명, 납세증명서, 주민 등록 등본 등 각종 서류를 바로 발급받을 수 있다. 외국인 등록증이 있고 공동 인증서로 로그인하면 외국인도 대부분의 전자민원 서비스를 이용할 수 있다.

물론 모든 행정 업무를 온라인으로 처리할 수 있는 것은 아니다. 그러나 시대가 변하면서 대면 중심이던 행정 서비스가 점차 비대면·온라인 중심으로 전환되고 있다. 이러한 변화는 외국인에게도 행정 접근성을 높이고, 보다 효율적이고 투명한 행정 환경을 만드는 데 기여하고 있다.

1. '하이코리아'에 대한 설명으로 알맞은 것은 무엇인가요?

① 각종 증명서 발급 업무는 할 수 없다.

② 구청 업무와 동일한 서비스를 제공한다.

③ 체류 기간 연장을 온라인으로 신청할 수 있다.

④ 예약을 해야 이용할 수 있는 온라인 서비스이다.

2. 이 글에서 강조하는 중심 내용으로 가장 알맞은 것은 무엇인가요?

① 정부24는 외국인만 이용할 수 있는 사이트이다.

② 한국의 모든 행정 업무는 온라인으로 처리된다.

③ 온라인 행정 서비스는 효율성과 편리성을 높여 준다.

④ 외국인은 직접 기관에 방문해야 업무를 처리할 수 있다.

3. 이 글의 내용을 한 문장으로 요약해 보세요.

더 생각해 보기

❶ 여러분은 한국에서 온라인으로 행정 업무를 처리해 본 적이 있나요? 있다면 어떤 업무였으며, 직접 방문해서 처리할 때와 비교해 어떤 점이 더 편리했나요?

❷ 행정 서비스가 온라인으로 바뀌면서 생긴 장단점은 무엇인가요?

들어가기

❶ 요즘은 공공 기관에서도 AI 기술을 적극적으로 활용하고 있는데요. 이런 기술은 주로 어느 방면에서 활용되고 있을까요?
❷ 여러분은 행정 업무나 생활 속에서 AI 서비스를 이용해 본 적이 있나요? 있다면 어떤 점이 편리했나요?

AI로 더 똑똑해진 도시, 대구의 공공 서비스 혁신

4차 산업혁명 시대에 AI 기술이 행정과 안전 관리 분야에 빠르게 도입되고 있다. 대구광역시는 이러한 변화의 중심에 서 있다. 시청, 경찰서 등 시민 생활과 밀접한 공공 기관에서 AI 기술을 활용한 다양한 서비스가 운영되고 있기 때문이다.

먼저, 대구광역시청의 AI 민원 상담사 '뚜봇'은 시민의 행정 업무를 돕는 대표적인 챗봇 서비스이다. 뚜봇은 민원인이 전화를 걸거나 시청 홈페이지에 접속하면 AI 음성 인식 기능을 통해 각종 민원 절차를 안내해 준다. 단순한 민원 응답을 넘어 관련 서류를 찾거나 업무 담당 부서를 연결하는 기능도 있어 시민의 행정 만족도를 높이고 있다.

또한 대구경찰청은 AI 순찰 로봇 '폴리봇'과 드론을 활용해 범죄 예방과 긴급 대응 체계를 강화하고 있다. 폴리봇은 자율 주행 기술로 공원이나 골목길을 순찰하며, 이상한 움직임이나 소리를 감지하면 즉시 관제 센터로 영상을 전송한다. 드론은 범죄 현장이나 교통사고 지역에 신속히 출동해 현장 상황을 실시간으로 중계함으로써 보다 안전한 도시를 만드는 데 기여하고 있다.

마지막으로, 전통 시장을 지키는 AI 순찰 로봇 '로순경'은 화재 예방과 초기 진화 기능을 갖춘 로봇이다. 로순경은 시장 내 온도와 연기를 감지해 화재 위험을 조기에 인식하고, 즉시 경고음을 울리거나 물을 분사해 초기 진화를 돕는다. 전통 시장은 노후 시설이 많아 화재에 취약했지만, 이 로봇 덕분에 상인들의 불안감이 줄고 안전 의식이 높아졌다는 평가를 받고 있다.

AI 기술이 도입되면서 시민의 편의성과 안전 수준은 크게 향상되고 있다. 물론 기술의 오작동이나 개인 정보 보호 같은 문제도 함께 고려해야 하지만, 대구광역시의 사례는 첨단 기술이 공공 서비스의 질을 높이고 시민의 삶을 변화시킬 수 있음을 보여 준다.

1. 이 글의 공통된 주제는 무엇인가요?

① 대구의 교통 혼잡 문제　② AI를 활용한 공공 서비스

③ 화재 예방과 재난 관리　④ 시민의 민원 응대 개선

2. '폴리봇'의 기능으로 옳지 않은 것은 무엇인가요?

① 공원과 골목길을 순찰한다.　② 관제 센터에 영상 정보를 보낸다.

③ 화재가 나면 자동으로 물을 뿌린다.　④ 드론과 함께 시민의 안전을 지킨다.

3. AI 기술이 행정 서비스에 도입되면서 생길 수 있는 문제와 그 해결 방법을 한 가지씩 써 보세요.

더 생각해 보기

❶ 행정과 시민 안전 업무에 AI를 도입하는 것을 어떻게 생각하나요? 긍정적인 변화일까요, 아니면 주의가 필요할까요?

❷ 앞으로 한국의 공공 기관에서 AI가 더 확산된다면, 어떤 서비스가 새로 생기면 좋을지 제안해 보세요.

실제로 공공 기관에서 사용하는 민원신청서, 발급 신청서 등 공식 문서 작성법을 연습해 봅시다.

1. 여러분은 한국에서 공공 기관에 서류를 제출해 본 적이 있나요? 있다면 어떤 서류였나요?

2. 기관마다 신고서나 신청서의 양식이 조금씩 다르지만, 문서에 공통으로 기입해야 하는 항목은 무엇인가요?

거주/숙소제공 확인서
(Confirmation of Residence/Accommodation)

1. 거주/숙소를 제공 받는 외국인 (Foreign Tenant / Recipient)			
국　적 (Nationality)		외국인등록(거소)번호 (Foreign Resident Registration/Overseas Korean Resident No.)	
성　명 (Full Name)		연락처 (Phone No.)	
주　소 (Address)			

2. 거주/숙소 제공자 (Residence/Accommodation Provider)			
국　적 (Nationality)		주민/외국인등록번호 (Resident/Foreign Resident Registration No.)	
성　명 (Full Name)		연락처 (Phone No.)	
외국인과의 관계 (Relationship)	[ ] 가족 및 친척 (Family and Relatives)	[ ] 고 용 주 (Employer)	[ ] 기　타 (　) (Other) (　)
소유형태 (Ownership Type)	[ ] 자　가 (Own)	[ ] 임　대 (Rent)	[ ] 기　타 (　) (Other) (　)
주거형태 (Residence Type)	[ ] 개인주택 등 (Private Residence, etc.) [ ] 숙박시설 (Accommodation)	[ ] 기숙사 (Dormitory) [ ] 기 타 (　) (Other) (　)	
거주/숙소 제공일 (Starting Date)	년(Year)　월(Month)　일(Date)		

위와 같이 거주/숙소를 제공하였음을 확인합니다.
(I, the undersigned, confirm the provision of accommodation to the abovementioned foreigner.)

년(Year)　월(Month)　일(Date)

성　　명 (Name) :　　(서명 또는 인 / Signature or Seal)
업체명 (Company Name) :　　(직인/Official Seal)

○○출입국 · 외국인청(사무소 · 출장소)장　　귀하

3. '하이코리아(HiKorea)' 웹사이트에 어떤 민원 문서가 있는지 살펴본 후, 다음 [보기]와 같이 작성해 보고 싶은 문서를 표시해 보세요.

보기

구분	대구 출입국·외국인 사무소	
신청서	■ 통합신청서	□
신고서	□ 외국인직업신고서	□
확인서	□ 혼인관계사실확인서	□
보증서	□ 신원보증서	□
사유서	□ 국적증서수여식 불참사유서	□
서약서	□ 치료예정서약서	□
계획서	□ 산업연수(D-3) 연수계획서	□

4. 다음 문서를 이용하여 〈통합신청서〉를 작성해 보세요. 다른 서류를 작성하고 싶으면 '하이코리아(Hikorea)' 웹사이트에 바로 접속하여 문서 양식을 내려받아 필요한 내용을 기입해 보세요.

■ 출입국관리법 시행규칙 [별지 제34호서식] <개정 2022. 4. 12.>

통합신청서 (신고서)
APPLICATION FORM (REPORT FORM)

※ 신청서는 한글 또는 영문으로 작성하시기 바랍니다. (Please complete this form in Korean or English.)

□ 신청/신고 선택 SELECT APPLICATION/REPORT

[ ] 외국인 등록 FOREIGN RESIDENT REGISTRATION	[ ] 체류자격 외 활동허가 (희망 자격 :) ENGAGE IN ACTIVITIES NOT COVERED BY THE STATUS OF SOJOURN / Status to apply for ( )	PHOTO 여권용 사진(35㎜×45㎜) * 촬영일부터 6개월이 지나지 않아야 함 taken within last 6 months * 외국인 등록 및 등록증 재발급 시에만 사진 부착 Photo only for Foreign Resident Registration (Reissued)
[ ] 등록증 재발급 REISSUANCE OF REGISTRATION CARD	[ ] 근무처 변경·추가허가 / 신고 CHANGE OR ADDITION OF WORKPLACE	
[ ] 체류기간 연장허가 EXTENSION OF SOJOURN PERIOD	[ ] 재입국허가 (단수, 복수) REENTRY PERMIT (SINGLE, MULTIPLE)	
[ ] 체류자격 변경허가 (희망 자격 :) CHANGE OF STATUS OF SOJOURN / Status to apply for ( )	[ ] 체류지 변경신고 ALTERATION OF RESIDENCE	
[ ] 체류자격 부여 (희망 자격 :) GRANTING STATUS OF SOJOURN / Status to apply for ( )	[ ] 등록사항 변경신고 CHANGE OF INFORMATION ON REGISTRATION	

성명 Name In Full	성 Surname		명 Given names			
생년월일 Date of Birth	년 yyyy	월 mm	일 dd	성 별 Sex	[ ]남 M [ ]여 F	국적 Nationality
외국인등록번호 Foreign Resident Registration No.						
여권번호 Passport No.		여권 발급일자 Passport Issue Date		여권 유효기간 Passport Expiry Date		
대한민국 내 주소 Address In Korea						
전화번호 Telephone No.		휴대전화 Cell phone No.				
본국 주소 Address In Home Country				전화번호 Phone No.		
재학 여부 School Status	미취학[ ], 초[ ], 중[ ], 고[ ] Non-school[ ], Elementary[ ], Middle[ ], High[ ]	학교 이름 Name of School		전화번호 Phone No.		
	학교 종류 Type of School	교육청 인가[ ], 교육청 비인가, 대안학교[ ] Accredited school by Education Office[ ], Non-accredited, Alternative school[ ]				
근무처 Workplace	원 근무처 Current Workplace		사업자등록번호 Business Registration No.		전화번호 Phone No.	
	예정 근무처 New Workplace		사업자등록번호 Business Registration No.		전화번호 Phone No.	
연 소득금액 Annual Income Amount		만원(ten thousand won)			직업 Occupation	
재입국 신청 기간 Intended Period Of Reentry		전자우편 E-Mail				
반환용 계좌번호(외국인등록 및 외국인등록증 재발급 신청 시에만 기재) Refund Bank Account No. only for Foreign Resident Registration						
신청일 Date of application		신청인 서명 또는 인 Signature/Seal				

신청인 제출서류 (담당공무원 확인사항) Required documents for applicants (Matters to be checked by officer in charge)	「출입국관리법 시행규칙」 별표 5의2의 체류자격별·신청구분별 첨부서류 참고 Please refer to the attached documents for each status of stay and each application type in Annex 5-2 of the Enforcement Rule of the Immigration Act.

행정정보 공동이용 동의서 (Consent for sharing of administrative information)

본인은 이 건 업무처리와 관련하여 담당 공무원이 「전자정부법」 제36조에 따른 행정정보의 공동이용을 통하여 위의 담당 공무원 확인 사항을 확인하는 것에 동의합니다. *동의하지 않는 경우에는 신청인이 직접 관련 서류를 제출해야 합니다.

I, the undersigned, hereby consent to allow all documents and information required for the processing of this application to be viewed by the public servant in charge as specified in Article 36 of the Electronic Government Act. * If you disagree, you are required to present all related documents in person.

신청인 Applicant	서명 또는 인 Signature/Seal	신청인의 배우자 Spouse of applicant	서명 또는 인 Signature/Seal	신청인의 부 또는 모 Father/Mother of applicant	서명 또는 인 Signature/Seal

공 용 란 (For Official Use Only)

기본 사항	최초입국일		체류자격		체류기간	
접수 사항	접수일자		접수번호			
허가(신고) 사항	허가(신고) 일자		허가번호		체류자격	
					체류기간	
결 재	담 당				청장·소장	
					가 / 부	

수입인지는 뒷면에 첨부(Revenue Stamp on the Backside) / 수수료 면제(exemption) [ ] (면제사유)

210㎜×297㎜[백상지(80g/㎡) 또는 중질지(80g/㎡)]

정보 알아 두면 유용해요!

공공 기관 관련 정보

1 한국의 주소 체계 '도로명 주소'

시/도 → 시/군/구 → 도로명(대로, 로, 길) → 건물번호 → 상세주소 → (참고항목) → 우편번호

예시 대구광역시 북구 대학로 80, 첨성관 ○○동 ○○○호(산격동) 41566

⇨ 우리 동네에서 가까운 행정 복지 센터: 산격3동 행정 복지 센터

집 주소 ______________________________

⇨ 우리 동네에서 가까운 행정 복지 센터: ______________

2 알아 두면 유용한 기관 정보

- 화재 및 응급 환자 신고: 소방청 119
- 각종 재난 안전 정보, 생활 속 위험 요소 신고: 행정안전부 110
- 분실물 신고 등 비긴급 경찰 민원 상담: 경찰 민원 콜센터 182
- 전기 안전 관련 문의: 한국전기안전공사 1588-7500
- 가스 안전 관련 문의: 한국가스안전공사 1544-4500
- 건물 안전 관련 문의: 국토안전관리원 1588-8788
- 승강기 안전 관련 문의: 한국승강기안전공단 1566-1277

3 알아 두면 유용한 웹사이트

- 체류/비자/민원 분야
  - 하이코리아 www.hikorea.go.kr
  - 정부24 plus.gov.kr
- 안전 분야
  - 경찰청 유실물 통합포털 www.lost112.go.kr

제8과

계약

제8과 계약

표준근로계약서(기간의 정함이 있는 경우)

________(이하 "사업주"라 함)과(와) ________(이하 "근로자"라 함)은 다음과 같이 근로계약을 체결한다.

1. 근로계약기간 : 년 월 일부터 년 월 일까지
2. 근 무 장 소 :
3. 업무의 내용 :
4. 소정근로시간 : __시__분 ~ __시__분 (휴게 : 시 분 ~ 시 분) (1일 시간, 1주 시간)
5. 근무일/휴일 : 매주 __일 근무(필요시, 근무요일 _____), 주휴일 매주 __요일
   - 공휴일(대체공휴일 포함)은 근로기준법이 정하는 바에 따르며, 근로자의 날은 유급휴일로 함
6. 임 금
   - 월(일, 시간)급 : ____________원
   - 상여금 : 있음 ( ) ____________원, 없음 ( )
   - 그 밖의 수당(약정수당) : 있음 [ ], 없음 [ ]
     - · __________원, __________원
     - · __________원, __________원
   - 임금지급일 : 매월(매주 또는 매일) ____일(휴일의 경우는 전날 지급)
   - 지급방법 : 근로자에게 직접(현금)지급 [ ], 근로자 명의 계좌에 입금 [ ]
7. 연차유급휴가
   - 연차유급휴가는 근로기준법에서 정하는 바에 따라 부여함
8. 사회보험 적용여부
   - 4대 사회보험(고용보험, 산재보험, 국민연금, 건강보험) 적용(가입)을 원칙으로 함
     ※ (참고) 적용(가입) 예외에 해당하는 경우에는 적용(가입) 항목 등을 명확히 기재
     (예외 사유 해당 여부는 근로복지공단, 국민연금공단, 국민건강보험공단 누리집 참조)
9. 근로계약서 교부
   - 사업주는 근로계약을 체결함과 동시에 본 계약서를 사본하여 근로자의 교부 요구와 관계없이 근로자에게 교부함(근로기준법 제17조 이행)
10. 근로계약, 취업규칙 등의 성실한 이행의무
    - 사업주와 근로자는 각자가 근로계약, 취업규칙, 단체협약을 지키고 성실하게 이행하여야 함
11. 그 밖의 사항
    - 이 계약에 정함이 없는 사항은 근로관계법령에 따름

년 월 일

(사업주) 사업체명 : (전화 :)
주 소 :
대 표 자 : (서명)

(근로자) 주 소 :
연 락 처 :
성 명 : (서명)

1. 계약이란 두 명 이상의 사람이 말이나 글로 서로 지켜야 할 의무에 대해 일정한 약속을 하는 것이에요. 일상생활에서 어떤 계약을 하게 될까요?
2. 계약이 성립되었음을 증명하기 위해 계약서를 작성해요. 여러분은 언제 계약서를 작성해 봤나요?
3. 현명한 계약을 체결하기 위해 어떤 점에 유의해야 할까요?
4. 계약 분쟁이 발생했을 때 직접 해결할 수 있었나요? 어려웠다면 어떤 점에서 어려움을 느꼈나요?
5. 어떤 경우에 계약을 해지할 수 있나요?

들어가기

❶ 근로 계약서를 작성해 본 적이 있나요? 있다면 어떤 근로 계약서를 작성해 보았나요?
❷ 근로 계약서에는 무슨 내용이 들어가야 할까요?

다음 대화를 듣고 답하세요.

1. 이 대화의 주요 내용은 무엇인가요?

① 근로 시간 연장에 대해 협의하고 있다.
② 근로자가 근무 조건을 변경하려고 한다.
③ 근로 계약서의 주요 내용을 확인하고 있다.
④ 근로 계약 해지 절차에 관해 이야기하고 있다.

2. 급여는 언제, 어떤 방식으로 지급되나요?

① 매월 말일 자동 이체　② 매월 25일 통장으로 입금
③ 매월 25일 현금으로 지급　④ 매주 금요일 현금으로 지급

3. 리나 씨의 근로일 및 근로일별 근로 시간을 작성해 보세요.

	(　)요일	(　)요일	(　)요일	(　)요일	(　)요일
근로 시간	시간	시간	시간	시간	시간
업무 시작	시　분	시　분	시　분	시　분	시　분
업무 종료	시　분	시　분	시　분	시　분	시　분
휴게 시간	시　분 ~ 시　분	시　분 ~ 시　분	시　분 ~ 시　분	시　분 ~ 시　분	시　분 ~ 시　분

- 주휴일: 매주 ______요일
- 공휴일(대체 공휴일 포함): 근로 기준법이 정하는 바에 따르며, 근로자의날은 유급 휴일로 함

들어가기

❶ 전월세 계약 시 임대인, 임차인, 계약 기간, 보증금, 월세 등과 같은 기본 조건 외에 추가로 확인해야 할 사항에는 어떤 것이 있을까요?

❷ 여러분이 월세 계약을 한다면 어떤 특약 사항을 추가하고 싶은가요?

Track 22

다음 대화를 듣고 답하세요.

1. 이 대화의 주요 내용은 무엇인가요?

① 특약 사항을 취소하고 있다.

② 계약서의 주요 조항을 확인하고 있다.

③ 임대인이 계약 해지를 요구하고 있다.

④ 임차인이 월세 금액을 조정하고 있다.

2. 대화 내용과 일치하지 않는 것은 무엇인가요?

① 보증금은 2,000만 원이고, 월세는 60만 원이다.

② 임차인은 집을 인도 받은 날부터 2년 동안 거주하기로 했다.

③ 집의 주요 시설이 고장 나면 임차인이 직접 수리해야 한다.

④ 수리할 곳이 발견되면 잔금 지급일 전까지 임대인이 필요한 수리를 마치기로 했다.

3. 추가된 특약 사항은 무엇인가요?

① 임대인은 임차인에게 ____________________

② 임대인은 입주 전 ____________________

들어가기

❶ 최근 결혼 준비를 위한 '스드메'(**스**튜디오, **드**레스, **메**이크업) 대행 서비스 예약 과정에서 소비자 피해 상담이 증가하고 있는데요. 어떤 피해 사례가 많이 발생하고 있을까요?
❷ 결혼이나 행사 같은 특별한 서비스 계약을 할 때 주의해야 할 점은 무엇이라고 생각하나요?

Track 23

다음 대화를 듣고 답하세요.

1. 이 대화의 중심 내용은 무엇인가요?

① 대구 지역 결혼 문화의 변화
② 결혼 준비 비용을 줄이는 방법
③ '스드메' 서비스의 인기가 높아지는 이유
④ '스드메' 계약 시 피해 예방을 위한 주의 사항

2. 대화 내용과 일치하지 않는 것은 무엇인가요?

① 구두로 한 약속도 반드시 계약서에 적어야 한다.
② 결혼 준비할 때 드레스 종류보다 촬영 일정이 더 중요하다.
③ 최근 대구·경북 지역의 '스드메' 관련 소비자 상담이 증가하고 있다.
④ '스드메'는 스튜디오·드레스·메이크업을 묶은 결혼 준비 서비스이다.

3. 대화에서 담당자가 '스드메' 계약 시 강조하는 점은 무엇인가요?

① 계약서 작성 후에 계약서 사본은 버려도 된다.

② 계약서 작성 전에 제공 내용과 가격은 알 필요가 없다.

③ 카드 결제보다 계좌 이체 같은 현금 결제 이용을 강조한다.

④ 계약서 하단의 환불 규정과 위약금 조항을 확인해야 한다.

더 생각해 보기

❶ 여러분이 서비스를 이용하거나 계약할 때 미리 확인해야 한다고 생각하는 가장 중요한 내용은 무엇인가요?

❷ 여러분 나라에서는 이런 서비스 계약을 체결할 때 어떤 문제가 자주 발생하나요? 또 그러한 문제를 예방하기 위해 어떻게 하나요?

계약 분쟁 상황이 발생했을 때 사업자나 판매자에게 직접 해결을 요구해 볼 수 있는데요. 다음 예시 대화를 참고하여 계약 분쟁 상황별 문제 해결 대화를 만들어 봅시다.

1. 근로 계약: 리카가 팀장님에게 급여 지급 요청

이번 달 급여 미지급, 지급 요청 → 결산 지연, 조금만 기다리다 → 근로 계약서에 '매월 25일 지급' → 회사 사정 → 지난달에도 늦게 들어오다 → 처리하다

2. 임대차 계약: 임차인이 임대인에게 보증금 반환 요청

계약이 끝났는데 보증금 미입금, 반환 요청 → 새 세입자 들어와야 정산 가능, 조금만 기다리다 → 임대 계약서에 '퇴거 당일 보증금 반환' → 일이 밀리다 → 이번에도 지연되면 이사 일정에 차질 생기다 → 송금하다

3. 서비스 계약: 고객이 통신사 직원에게 통화 품질 불량으로 계약 해지 요청

최근에 이사했는데 집에서 통화 끊기다, 계약 해지 요청 → 신호가 약하거나 음영 지역일 수 있다, 점검해 드리다 → 계약 때에 '해지 가능' → 가입 14일 이내 해지 가능 → 계속 통화가 끊겨 업무에 지장이 있다 → 확인 후 처리하다

4. 서비스 계약: 수강생이 학원 직원에게 운전 강습 중도 취소 후 환불 요청

개인 사정이 생기다, 환불 요청 → 환불 이유, 여쭤보다 → 계약서에 '수업 시작 전 취소 시 전액 환불' → 첫날 한 번 수업을 받다, 수강료의 70%만 환불 가능 → 어쩔 수 없다 → 규정에 따라 환불 접수 진행하다

예시

리카 팀장님, 죄송하지만 이번 달 월급이 아직 안 들어왔어요. 확인 부탁드립니다.

팀장 아, 네, 이번 달은 결산이 좀 늦어져서요. 조금만 기다려 주세요.

리카 근로 계약서에는 '매월 25일 지급'이라고 되어 있어서요. 혹시 지급일이 바뀐 건가요?

팀장 아니에요. 지급일은 그대로인데, 회사 사정 때문에 조금 늦어진 거예요. 이번 주 안으로 꼭 처리해 줄게요.

리카 네, 알겠습니다. 그런데 지난달에도 며칠 늦게 들어왔거든요. 혹시 이번에는 확실히 받을 수 있을까요?

팀장 네, 걱정하지 마세요. 오늘 회계팀에 확인해서 될 수 있는 한 빨리 처리해 줄게요.

리카 네, 감사합니다. 기다려 보겠습니다.

여러분이 한국에 와서 처음 계약을 했을 때 어려웠던 점과 배운 점을 소개하고, 이런 경험을 바탕으로 계약 전 확인해야 할 사항과 계약 후 문제가 발생했을 때 어떻게 대응해야 하는지 이야기해 봅시다.

리사의 경험

1. **상황:** 부동산 중개소에서 첫 월세 계약 체결
2. **계약 목적:** 자취할 방에 대한 임대차 계약
3. **어려웠던 점**
   - 계약서에 적힌 '보증금', '관리비', '중개 수수료' 같은 용어가 생소함
   - 계약 내용을 다 읽지 않고 서명하려다 직원의 설명으로 다시 확인함
4. **배운 점**
   - 서류에 서명하기 전에 내용을 꼼꼼히 읽는 것이 중요함
   - 모르는 부분은 반드시 질문하고 확인해야 함
5. **계약 전 확인해야 할 사항**
   - 계약서 주요 조건(월세, 계약 기간, 퇴거일 등)을 명확히 확인해야 함
   - 구두 약속은 계약서에 반드시 기재해야 함
6. **계약 후 문제 발생 시 대응 방법**
   - 임대인과 먼저 대화로 해결 시도
   - 해결되지 않으면 주택임대차분쟁조정위원회 등 공공 기관 상담 필요

나의 경험

1. 상황:
2. 계약 목적:
3. 어려웠던 점
   •
   •
4. 배운 점
   •
   •
5. 계약 전 확인해야 할 사항
   •
   •
6. 계약 후 문제 발생 시 대응 방법
   •
   •

사용할 문형

❶ **-기보다:** 앞에서 제시한 판단이나 설명을 그대로 확정하지 않고, 화자가 더 적절하다고 생각하는 관점을 덧붙여 제시할 때 쓰는 표현이다.

예 이 문제는 개인의 실수라기보다 제도상의 한계에서 비롯된 것입니다.

예 옳고 그름을 따지기보다 상대방의 처지에서 이해하려는 노력이 우선되어야 합니다.

❷ **-더라도:** 좋지 않은 상황이나 결과를 확신하기 어려운 경우를 가정하여 말할 때 쓰는 표현이다.

예 비록 실패하더라도 아직 젊기 때문에 다시 도전할 수 있다고 생각합니다.

예 세계 어느 나라를 가더라도 그 나라의 법과 문화를 존중해야 합니다.

예시

저는 오늘 한국에서 처음 집을 계약했을 때의 경험과 배운 점에 대해 이야기해 보겠습니다. 한국에 와서 처음으로 혼자 살 집을 구하면서 부동산에서 월세 계약을 했습니다.

처음에는 계약서가 너무 복잡하고 어려워서 내용을 다 읽지 못하고 서명할 뻔했습니다. 다행히 부동산 직원이 계약서의 주요 조건을 하나씩 설명해 주어서 실수를 막을 수 있었습니다. 이 경험을 통해 계약 전에는 내용을 꼼꼼히 확인하고, 모르는 부분은 반드시 질문해야 한다는 것을 배웠습니다. 특히 보증금, 관리비, 중개 수수료처럼 헷갈리는 단어는 계약서에 정확히 어떤 의미로 쓰였는지 확인해야 한다는 점을 알게 되었습니다. 또한, 계약 후 문제가 생겼을 때는 감정적으로 대응하기보다 먼저 임대인과 대화를 시도하고, 그래도 해결되지 않으면 주택임대차분쟁조정위원회 같은 공공 기관의 도움을 받는 것이 좋다는 것도 배웠습니다.

앞으로는 어떤 계약을 하더라도 서류를 꼼꼼하게 확인하고, 필요하면 증거를 남겨 두는 습관을 들이려고 합니다. 이 경험이 한국 생활에서 더 안전하고 현명한 선택을 하는 데 큰 도움이 되었다고 생각합니다.

들어가기

❶ 전월세 계약 시 임차인이 점검해야 하는 서류에는 어떤 것이 있나요?

❷ 서류 점검 외에 임대차 계약 시 반드시 해야 할 일은 무엇인가요?

안전한 전월세 계약을 위한 3단계

최근 국토교통부 조사에 따르면 전세 사기 피해자의 61.3%가 20~30대 청년층인 것으로 나타났다. 청년층은 사회에 막 진출해 처음으로 계약서를 작성하는 경우가 많지만, 경제 제도나 부동산 절차에 대한 이해가 부족해 피해를 입는 것으로 보인다. 특히 매매·임대차 절차나 '등기부등본'을 보는 법을 모르는 사례도 적지 않았다. 이런 문제를 예방하기 위해서는 계약 전, 계약 시, 계약 후에 확인해야 할 서류를 알고 단계별로 꼼꼼히 점검하는 것이 필요하다.

계약 전에는 등기부등본을 확인해야 한다. 등기부등본은 부동산의 신분증과 같다. 소유자의 이름, 담보 대출(저당권 설정 내역), 주소 등이 모두 기록되어 있다. 계약 전에 반드시 현재 집주인이 진짜 소유자인지, 집이 은행에 담보로 잡혀 있지 않은지 확인해야 한다. 등기부등본은 인터넷등기소(www.iros.go.kr)나 등기소에서 쉽게 발급받을 수 있다.

계약 시에는 주택 임대차 표준 계약서를 작성해야 한다. 임대차 계약을 할 때는 반드시 표준 양식 계약서를 사용한다. 계약서에는 보증금, 월세, 계약 기간, 입주일, 퇴거일이 명확히 적혀 있어야 하며, 수정된 금액이나 구두로 한 약속이 있으면 특약 사항에 기입해야 한다. 보증금은 임대인 명의의 계좌로 송금해야 하며, 중개인이나 제3자의 계좌로 보내는 것은 매우 위험하다.

계약 후에는 전입 신고, 확정 일자 신청, 임대차 계약 신고를 해야 한다. 계약을 마치고 이사했다면 바로 전입 신고를 해야 하는데, 이는 "이 집에 실제로 살고 있다."는 것을 행정적으로 등록하는 절차이다. 전입 신고 후에는 계약서에 확정 일자 도장을 받아야 한다. 이 도장은 "이 날짜에 정식으로 계약이 체결되었다."는 것을 국가가 증명해 주는 것으로, 추후 보증금을 돌려받을 때 강력한 법적 보호를 받을 수 있다. 또한 주택 임대차 계약 신고제를 통해 계약 내용을 구청이나 정부24(plus.gov.kr)에 신고해야 한다.

안전한 전월세 계약은 복잡해 보이지만 계약 전에는 등기부등본, 계약 시에는 계약서, 계약 후에는 전입 신고와 확정 일자, 이 세 단계만 잘 지키면 피해를 예방할 수 있다. 서류를 꼼꼼히 확인하고 모르는 부분은 반드시 질문하는 습관이 우리의 보증금과 생활을 지켜 줄 것이다.

1. '계약 전'에 해야 할 일은 무엇인가요?

① 확정 일자를 받는다. ② 전입 신고를 한다.
③ 계약서에 서명한다. ④ 등기부등본을 확인한다.

2. '계약 후'에 해야 할 일은 무엇인가요?

① 특약 사항을 삭제한다.
② 계약금을 현금으로 지불한다.
③ 등기부등본을 새로 작성한다.
④ 전입 신고를 하고 확정 일자를 받는다.

3. 임대차 계약을 체결할 때 주의해야 할 사항은 무엇인가요?

①
②
③

더 생각해 보기

❶ 여러분 나라의 임대차 계약과 한국의 임대차 계약 절차를 비교해 보세요.
❷ 외국인이 한국에서 안전하게 계약하기 위해 어떤 점을 가장 주의해야 한다고 생각하나요?

들어가기

❶ 우리는 일상생활에서 여러 가지 계약을 합니다. 일을 하거나 서비스를 이용할 때 여러분은 권리와 의무를 잘 알고 지키고 있다고 생각하나요?

❷ 일상생활에서 계약을 지키지 않아서 문제가 생긴 경험이 있나요? 있다면 어떤 일이었나요?

다음 글을 읽고 답해 봅시다.

알고 지켜야 할 우리의 권리와 의무

사람들은 일상생활 속에서 다양한 계약을 하며 살아간다. 일을 시작할 때는 근로 계약서를 쓰고, 집을 빌릴 때는 임대차 계약서를 작성하며, 식당 예약이나 서비스 이용도 하나의 약속이다. 이런 계약은 서로의 권리와 의무를 지키기 위한 중요한 약속이지만 가끔은 이를 잘 모르거나 지키지 않아서 문제가 생기기도 한다.

고용과 근로 계약: 최근 조사에 따르면 5인 미만의 소규모 사업장에서는 근로 계약서를 작성하지 않거나 최저 임금보다 적은 임금을 주는 경우가 많다고 한다. 이런 사업장의 근로자들은 법의 보호를 충분히 받지 못하고 있는 셈이다. 그러나 모든 근로자는 근로 계약서를 쓸 권리, 최저 임금 이상을 받을 권리, 그리고 휴게 시간을 보장받을 권리가 있다. 또한 근로 계약서를 쓰지 않으면 나중에 임금 문제나 해고 문제로 분쟁이 생길 때 증거가 없어 불이익을 받을 수 있다. 따라서 일을 시작할 때는 반드시 근로 계약서를 작성해야 한다.

서비스 이용과 노쇼(No-show): 최근 정부는 식당 예약 후 나타나지 않는 이른바 '노쇼(no-show)' 문제를 막기 위해 위약금 기준을 강화했다. 앞으로는 예약을 기반으로 운영하는 오마카세 식당이나 일반 음식점 단체 예약에서 예약하고 연락

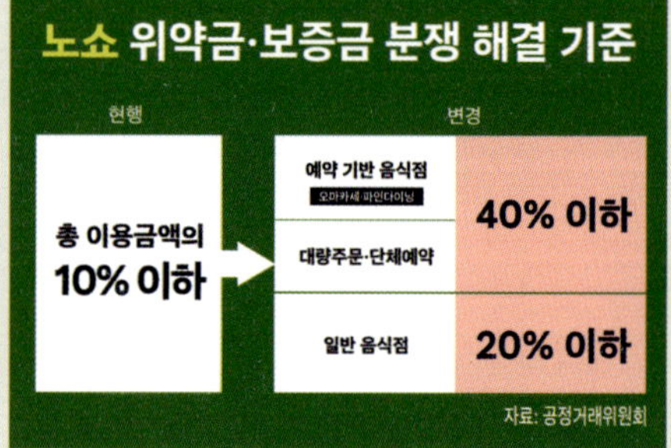

없이 나타나지 않으면 이용 금액의 최대 40%까지 위약금을 내야 한다. 이 제도는 식당의 피해를 줄이기 위한 것이다. 예약한 소비자는 약속을 지킬 의무가 있고, 식당은 정당한 서비스를 제공할 의무가 있다.

우리는 매일 크고 작은 계약을 하며 살아간다. 이런 계약에는 항상 권리와 의무가 함께 있다. 근로자는 일한 만큼 정당한 대우를 받을 권리가 있고, 사업주는 법을 지킬 의무가 있다. 소비자는 서비스를 이용할 권리가 있고, 그와 동시에 약속을 지킬 의무가 있다. 서로가 권리와 의무를 알고 지킬 때 우리 사회는 더 안전하고 믿을 수 있는 사회가 된다.

1. 다음 중 근로 계약서에 반드시 포함되어야 하는 내용이 아닌 것은 무엇인가요?

① 휴일과 휴가

② 근로자의 가족 이름

③ 임금(급여)과 지급 방법

④ 근로 시간과 휴게 시간

2. '노쇼'와 관련하여 정부가 정한 새로운 기준은 무엇인가요?

① 이용 금액의 최대 10% 위약금 부과

② 예약 취소는 불가능함

③ 이용 금액의 최대 40% 위약금 부과

④ 식당은 언제든지 예약을 취소할 수 있음

3. 근로 계약서를 작성하지 않으면 어떤 문제가 생길 수 있나요?

더 생각해 보기

❶ '노쇼 위약금 제도'는 소비자의 권리를 제한한다고 생각하나요, 아니면 정당한 제도라고 생각하나요? 그렇게 생각하는 이유는 무엇인가요?

❷ 여러분은 '권리'와 '의무' 중 어느 것이 더 중요하다고 생각하나요? 그렇게 생각하는 이유는 무엇인가요?

실제로 근로 계약서를 작성해 봅시다.

1. 여러분은 한국에서 계약서를 작성해 본 적이 있나요? 있다면 어떤 계약서였나요?

2. 근로 관련 계약서에 작성해야 하는 주요 항목은 무엇인가요?

3. 다음 중 작성해 보고 싶은 계약서를 표시해 보세요.

□ 표준 근로 계약서(기간의 정함이 없는 경우)

□ 표준 근로 계약서(기간의 정함이 있는 경우)

□ 연소 근로자(18세 미만인 자) 표준 근로 계약서

□ 친권자(후견인) 동의서

□ 건설 일용 근로자 표준 근로 계약서

□ 단기 근로자 표준 근로 계약서

4. 다음의 문서를 이용하여 〈근로 계약서〉를 작성해 보세요. '고용노동부' 웹사이트에서는 다양한 민원 서식을 제공하고 있는데요. 고용노동부 홈페이지 오른쪽 하단 '근로 계약서'를 클릭하면 문서 서식과 작성 방법이 안내되어 있어요.

표준근로계약서(기간의 정함이 없는 경우)

_____________(이하 "사업주"라 함)과(와) __________(이하 "근로자"라 함)은 다음과 같이 근로계약을 체결한다.

1. 근로개시일 :　　년　월　일부터
2. 근 무 장 소 :
3. 업무의 내용 :
4. 소정근로시간 : __시__분부터 __시__분까지 (휴게시간 : 시 분~ 시 분)
5. 근무일/휴일 : 매주 __일(또는 매일단위)근무, 주휴일 매주 __요일
6. 임 금
   - 월(일, 시간)급 : __________________원
   - 상여금 : 있음 (　) __________________________원, 없음 (　)
   - 기타급여(제수당 등) : 있음 (　), 없음 (　)
     · ________________________원, ____________________________원
     · ________________________원, ____________________________원
   - 임금지급일 : 매월(매주 또는 매일) _____일(휴일의 경우는 전일 지급)
   - 지급방법 : 근로자에게 직접지급(　), 근로자 명의 예금통장에 입금(　)
7. 연차유급휴가
   - 연차유급휴가는 근로기준법에서 정하는 바에 따라 부여함
8. 사회보험 적용여부(해당란에 체크)
   □ 고용보험 □ 산재보험 □ 국민연금 □ 건강보험
9. 근로계약서 교부
   - 사업주는 근로계약을 체결함과 동시에 본 계약서를 사본하여 근로자의 교부요구와 관계없이 근로자에게 교부함(근로기준법 제17조 이행)
10. 근로계약, 취업규칙 등의 성실한 이행의무
    - 사업주와 근로자는 각자가 근로계약, 취업규칙, 단체협약을 지키고 성실하게 이행하여야 함
11. 기 타
    - 이 계약에 정함이 없는 사항은 근로기준법령에 의함

년　　월　　일

(사업주) 사업체명 :　　　　(전화 :　　　　)
　　　　주　　소 :
　　　　대 표 자 :　　　　(서명)

(근로자) 주　　소 :
　　　　연 락 처 :
　　　　성　　명 :　　　　(서명)

■ 외국인근로자의 고용 등에 관한 법률 시행규칙 [별지 제6호서식] <개정 2019. 0. 00.>

표준근로계약서
Standard Labor Contract

(앞쪽)

아래 당사자는 다음과 같이 근로계약을 체결하고 이를 성실히 이행할 것을 약정한다.
The following parties to the contract agree to fully comply with the terms of the contract stated hereinafter.

사용자 Employer	업체명 Name of the enterprise	전화번호 Phone number
	소재지 Location of the enterprise	
	성명 Name of the employer	사업자등록번호(주민등록번호) Identification number
근로자 Employee	성명 Name of the employee	생년월일 Birthdate
	본국주소 Address(Home Country)	

1. 근로계약기간	- 신규 또는 재입국자: (　　) 개월 - 사업장변경자: 년 월 일 ~ 년 월 일 * 수습기간: [ ]활용(입국일부터 [ ]1개월 [ ]2개월 [ ]3개월 [ ]개월) [ ]미활용 ※ 신규 또는 재입국자의 근로계약기간은 입국일부터 기산함(다만, 「외국인근로자의 고용 등에 관한 법률」 제18조의4제1항에 따라 재입국(성실재입국)한 경우는 입국하여 근로를 시작한 날부터 기산함).	
1. Term of Labor contract	- Newcomers or Re-entering employee: (　) month(s) - Employee who changed workplace: from (　　YY/MM/DD) to (　　YY/MM/DD) * Probation period: [ ] Included (for [ ] 1 month [ ] 2 months [ ] 3 months from entry date - or specify other: _____.), [ ] Not included ※ The employment term for newcomers and re-entering employees will begin on their date of arrival in Korea, while the employment of those who re-entered through the committed workers' system will commence on their first day of work as stipulated in Article 18-4 (1) of Act on Foreign Workers` Employment, etc.	
2. 근로장소	※ 근로자를 이 계약서에서 정한 장소 외에서 근로하게 해서는 안 됨.	
2. Place of employment	※ The undersigned employee is not allowed to work apart from the contract enterprise.	
3. 업무내용	- 업종: - 사업내용: - 직무내용: (외국인근로자가 사업장에서 수행할 구체적인 업무를 반드시 기재)	
3. Description of work	- Industry: - Business description: - Job description: (Detailed duties and responsibilities of the employee must be stated)	
4. 근로시간	시 분 ~ 시 분 - 1일 평균 시간외 근로시간: 시간 (사업장 사정에 따라 변동 가능: 시간 이내) - 교대제 ([ ]2조2교대, [ ]3조3교대, [ ]4조3교대, [ ]기타)	※ 가사사용인, 개인간병인의 경우에는 기재를 생략할 수 있음. ※ An employer of workers in domestic help, nursing can omit the working hours.
4. Working hours	from (　　) to (　　) - average daily over time: hours (changeable depending on the condition of a company): up to hours) - shift system ([ ]2groups 2shifts, [ ]3groups 3shifts, [ ]4groups 3shifts, [ ]etc.)	
5. 휴게시간	1일 분	
5. Recess hours	(　　) minutes per day	
6. 휴일	[ ]일요일 [ ]공휴일([ ]유급 [ ]무급) [ ]매주 토요일 [ ]격주 토요일, [ ]기타(　　)	
6. Holidays	[ ]Sunday [ ]Legal holiday([ ]Paid [ ]Unpaid) [ ]Every saturday [ ]Every other Saturday [ ]etc.(　　)	

210mm×297mm[백상지(80g/㎡) 또는 중질지(80g/㎡)]

(뒤쪽)

7. 임금	1) 월 통상임금 ( )원 - 기본급[(월, 시간, 일, 주)급] ( )원 - 고정적 수당: (수당 : 원), (수당: 원) - 상여금 (원) * 수습기간 중 임금 ( )원, 수습시작일부터 3개월 이내 근무기간 ( )원 2) 연장, 야간, 휴일근로에 대해서는 통상임금의 50%를 가산하여 수당 지급(상시 근로자 4인 이하 사업장에는 해당되지 않음)
7. Payment	1) Monthly Normal wages ( )won - Basic pay[(Monthly, hourly, daily, weekly) wage] ( )won - Fixed benefits: (fixed benefits :)won, (fixed benefits :)won - Bonus: ( )won * Wage during probation period: ( )won, but for up to the first 3 months of probation period: ( ) won 2) Overtime, night shift or holiday will be paid 50% more than the employee's regular rate of pay(not applied to business with 4 or less employees).
8. 임금지급일	매월 ( )일 또는 매주 ( )요일. 다만, 임금 지급일이 공휴일인 경우에는 전날에 지급함.
8. Payment date	Every ( )th day of the month or every (day) of the week. If the payment date falls on a holiday, the paymenvery week.t will be made on the day before the holiday.
9. 지급방법	[ ]직접 지급, [ ]통장 입금 ※ 사용자는 근로자 명의로 된 예금통장 및 도장을 관리해서는 안 됨.
9. Payment methods	[ ]In person, [ ]By direct deposit transfer into the employee's account ※ The employer will not retain the bank book and the seal of the employee.
10. 숙식제공	1) 숙박시설 제공 - 숙박시설 제공 여부: [ ]제공 [ ]미제공 제공 시, 숙박시설의 유형([ ]주택, [ ]고시원, [ ]오피스텔, [ ]숙박시설(여관, 호스텔, 펜션 등), [ ]컨테이너, [ ]조립식 패널, [ ]사업장 건물, 기타 주택형태 시설( ) - 숙박시설 제공 시 근로자 부담금액: 매월 원 2) 식사 제공 - 식사 제공 여부: 제공([ ]조식, [ ]중식, [ ]석식) [ ]미제공 - 식사 제공 시 근로자 부담금액: 매월 원 ※ 근로자의 비용 부담 수준은 사용자와 근로자 간 협의(신규 또는 재입국자의 경우 입국 이후)에 따라 별도로 결정.
10. Accommo -dations and Meals	1) Provision of accommodation - Provision of accommodation: [ ]Provided, [ ]Not provided (If provided, type of accommodations: [ ]Detached houses, [ ]Goshiwans, [ ]Studio flats, [ ]Lodging facility (such as a motel, hostel, pension hotel, etc.), [ ]Container boxes [ ]SIP panel constructions, [ ]Rooms within the business building - or specify other housing or boarding facilities ________.) - Cost of accommodation paid by employee: won/month 2) Provision of meals - Provision of meals: [ ]Provided([ ]breakfast, [ ]lunch, [ ]dinner), [ ] Not provided - Cost of meals paid by employee: won/month ※ The amount of costs paid by employee, will be determined by mutual consultation between the employer and employee (Newcomers and re-entering employees will consult with their employers after arrival in Korea).

11. 사용자와 근로자는 각자가 근로계약, 취업규칙, 단체협약을 지키고 성실하게 이행하여야 한다.

11. Both employees and employers shall comply with collective agreements, rules of employment, and terms of labor contracts and be obliged to fulfill them in good faith.

12. 이 계약에서 정하지 않은 사항은 「근로기준법」에서 정하는 바에 따른다.

※ 가사서비스업 및 개인간병인에 종사하는 외국인근로자의 경우 근로시간, 휴일·휴가, 그 밖에 모든 근로조건에 대해 사용자와 자유롭게 계약을 체결하는 것이 가능합니다.

12. Other matters not regulated in this contract will follow provisions of the Labor Standards Act.

※ The terms and conditions of the labor contract for employees in domestic help and nursing can be freely decided through the agreement between an employer and an employee.

년 월 일

__________ (YY/MM/DD)

사용자: (서명 또는 인)
Employer: (signature)

근로자: (서명 또는 인)
Employee: (signature)

정보 알아 두면 유용해요!

주택 및 소비자 서비스 관련 정보

1 주택 임대차 표준 계약서의 [계약 내용] 제2조, 제3조, 제4조와 [특약 사항]

<table>
<tr>
<td>제2조(임대차기간) 임대인은 임차주택을 임대차 목적대로 사용·수익할 수 있는 상태로 ______년 ____월 ____일까지 임차인에게 인도하고, 임대차기간은 인도일로부터 ________년 ________월 ________일까지로 한다.</td>
<td>▶[계약 내용] 제2조: 임대차 기간에 관한 내용으로, 임대인이 임차인에게 언제부터 언제까지 집을 빌려주는지 날짜를 정함</td>
</tr>
<tr>
<td>제3조(입주 전 수리) 임대인과 임차인은 임차주택의 수리가 필요한 시설물 및 비용부담에 관하여 다음과 같이 합의한다.
<table>
<tr><td>수리 필요 시설</td><td>□ 없음 □ 있음(수리할 내용:)</td></tr>
<tr><td>수리 완료 시기</td><td>□ 잔금지급 기일인 ______년 ____월 ____일까지 □ 기타 ( )</td></tr>
<tr><td>약정한 수리 완료 시기까지 미 수리한 경우</td><td>□ 수리비를 임차인이 임대인에게 지급하여야 할 보증금 또는 차임에서 공제
□ 기타( )</td></tr>
</table>
</td>
<td>▶[계약 내용] 제3조: 입주 전 수리에 관한 내용으로, 집을 빌리기 전에 고쳐야 할 부분이 있는지를 확인하고 누가 비용을 내는지를 정함</td>
</tr>
<tr>
<td>제4조(임차주택의 사용·관리·수선) ① 임차인은 임대인의 동의 없이 임차주택의 구조변경 및 전대나 임차권 양도를 할 수 없으며, 임대차 목적인 주거 이외의 용도로 사용할 수 없다.
② 임대인은 계약 존속 중 임차주택을 사용·수익에 필요한 상태로 유지하여야 하고, 임차인은 임대인이 임차주택의 보존에 필요한 행위를 하는 때 이를 거절하지 못한다.
③ 임대인과 임차인은 계약 존속 중에 발생하는 임차주택의 수리 및 비용부담에 관하여 다음과 같이 합의한다. 다만, 합의되지 아니한 기타 수선비용에 관한 부담은 민법, 판례 기타 관습에 따른다.
<table>
<tr><td>임대인부담</td><td>(예컨대, 난방, 상·하수도, 전기시설 등 임차주택의 주요설비에 대한 노후·불량으로 인한 수선은 민법 제623조, 판례상 임대인이 부담하는 것으로 해석됨)</td></tr>
<tr><td>임차인부담</td><td>(예컨대, 임차인의 고의·과실에 기한 파손, 전구 등 통상의 간단한 수선, 소모품 교체 비용은 민법 제623조, 판례상 임차인이 부담하는 것으로 해석됨)</td></tr>
</table>
④ 임차인이 임대인의 부담에 속하는 수선비용을 지출한 때에는 임대인에게 그 상환을 청구할 수 있다.</td>
<td>▶[계약 내용] 제4조: 사용·관리·수선에 관한 내용으로, 계약 기간 동안 집을 어떻게 사용하고, 고장 났을 때 누가 고칠지를 정함</td>
</tr>
<tr>
<td>[특약사항]
• 주택의 철거 또는 재건축에 관한 구체적 계획 (□ 없음 □ 있음 ※공사시기 : ※ 소요기간 : 개월)
• 상세주소가 없는 경우 임차인의 상세주소부여 신청에 대한 소유자 동의여부 (□ 동의 □ 미동의)
※ 기타</td>
<td>▶[특약 사항]: 기본 조항 외에 임대인·임차인이 서로 추가로 약속하고 싶은 내용을 적음</td>
</tr>
</table>

정보 **알아 두면 유용해요!**

2 소비 생활 실질 정보

- 1372 소비자상담센터 www.ccn.go.kr
  - 하는 일: 소비 생활을 위하여 사업자가 제공한 물품 또는 서비스를 사용, 이용하는 과정에서 발생한 소비자의 불만 및 피해를 상담
  - 상담 가능 분야: 병원·의료, 금융·보험, 자동차, 일반 소비제 등
  - 상담 불가능 분야: 소비자와 사업자 사이의 분쟁이 아닌 경우로, 영업용 택시 관련 분쟁, 노동 분쟁, 개인 간 중고 거래 관련 분쟁 등
- 참가격 www.price.go.kr
  - 소비자의 합리적인 소비 생활을 지원하고자 한국소비자원이 운영하는 가격 정보 종합 포털사이트
  - 생필품 가격 정보: 농축산물, 가공식품, 공산품 등 생필품 가격 정보를 매주 수집하여 제공
  - 서비스 가격 정보: 공공요금, 개인 서비스 요금, 외식비, 학원·교습비, 비급여 진료비, 일반 의약품비 등 서비스 가격 정보도 제공

3 알아 두면 유용한 전화번호 및 웹사이트

- 주택 분야
  - 주택 임대차 신고 콜센터 1588-0149
- 소비 분야
  - 한국소비자원 043-880-5500 / www. kca.go.kr
  - 한국소비자원 대구지원 053-260-5302
  - 대구광역시 소비생활센터 소비자 상담 053-803-3224
  - 소비자24 044-200-4920 / www.consumer.go.kr
  - 공정거래위원회 1670-0007 / www.ftc.go.kr

MEMO

제9과

법률과 제도

제9과 법률과 제도

1. 여러분은 어떤 비자를 발급받았나요? 한국에서는 장기 체류를 위해 어떤 비자가 필요한가요?
2. 한국에서 어떤 자격을 갖추고 있으면 비자를 변경할 때 도움이 되나요?
3. 한국에 살면서 외국인이 취업 가능한 직종과 발급 가능한 비자에는 어떤 것이 있나요?
4. 국민의 사회적 위험(질병, 상해, 노령, 실업 등)에 대처하기 위해 국가가 운영하는 한국의 제도에는 어떤 것이 있나요?
5. 한국에서 여러분에게 보증금 문제, 임금 체불, 사기 같은 법적인 문제가 발생했을 때 법률적으로 대처할 수 있나요? 어렵다면 어떤 점 때문일까요?

들어가기

❶ 한국에서 발급하는 비자 종류는 체류 목적에 따라 알파벳 A~H와 숫자로 구분되고, 자격 요건도 달라요. 한국 체류 비자에는 어떤 것이 있나요?

❷ 이 중에서 대표적으로 많이 발급받는 비자는 무엇인가요?

다음 대화를 듣고 답하세요.

1. 이 외국인이 신청하려는 비자는 어떤 것인가요?

① D-4 어학연수 비자

② D-2-3 석사유학 비자

③ E-2 회화지도 비자

④ F-6 결혼이민 비자

2. 대화 내용과 일치하는 것은 무엇인가요?

① 비자 신청 사진과 수수료는 필요 없다.

② 부모님 잔고 증명서를 제출해도 된다.

③ 비자 신청은 '하이코리아' 사이트에서만 가능하다.

④ 이 사람이 신청한 비자 체류 기간은 최대 1년까지만 부여된다.

3. 대화에서 직원이 말한 서류를 작성해 보세요.

종류	용도
사증 발급 신청서	비자 신청을 위해 작성하는 기본 서류
교육 기관 사업자 등록증 사본	다니려는 학교가 정식 기관임을 증명하는 서류
	입학을 허락했다는 학교의 공식 문서
	졸업증명서 등 학력을 증명하는 서류
재정 능력 입증 서류	1년 치 등록금과 생활비를 낼 수 있음을 증명하는 서류

들어가기

❶ 한국에서 안정적으로 생활하기 위해 어떤 준비가 필요하다고 생각하나요?
❷ 한국에서 장기 체류를 하기 위해 한국어능력시험 성적표, 사회 통합 프로그램 이수 이외에 추가로 준비해야 할 사항은 무엇인가요?

다음 대화를 듣고 답하세요.

1. 대화 내용과 일치하는 것은 무엇인가요?

① TOPIK 점수는 비자 신청과 관계가 없다.
② 사회 통합 프로그램은 한국어만 배우는 수업이다.
③ TOPIK 점수가 있으면 사회 통합 프로그램을 들을 수 없다.
④ 사회 통합 프로그램 5단계를 이수하면 영주권 신청에 도움이 된다.

2. 대화 내용과 일치하는 것은 무엇인가요?

① 직업 훈련은 요리와 미용 분야만 가능하다.
② 모든 외국인은 직업 훈련비를 지원받을 수 있다.
③ 외국인은 '국민 내일 배움 카드'를 사용할 수 없다.
④ 영주권자나 결혼 이민자는 직업 훈련비를 신청할 수 있다.

3. 대화에서 나온 '사회 통합 프로그램'의 혜택을 두 가지 이상 쓰세요.

① ____________________ 등 학습 가능
② 5단계를 이수하면 F-2-7 비자 신청 시 ______________ 부여
③ 영주권 신청 시 ______________ 면제

들어가기

❶ 한국에서 아프거나 실직했을 때 정부나 회사에서 도와주는 제도로는 어떤 것이 있나요?
❷ 국민연금, 건강 보험, 고용 보험, 산재 보험은 각각 어떤 목적으로 마련된 것일까요?

Track 26

다음 대화를 듣고 답하세요.

1. 4대 사회 보험과 그에 대한 설명이 올바른 것끼리 연결하세요.

국민연금 •	• 실직했을 때 일정 기간 지원받는다.
건강 보험 •	• 일하다 다쳤을 때 치료비를 지원한다.
고용 보험 •	• 나이가 들어 일을 못 하게 되면 연금을 받는다.
산재 보험 •	• 병원비의 일부를 나라가 내준다.

2. 외국인과 관련된 내용으로 일치하지 않는 것은 무엇인가요?

① 10년 이상 국민연금을 납부하면 한국인처럼 연금을 받을 수 있다.
② 한국에서 6개월 이상 거주하면 국민 건강 보험에 자동으로 가입된다.
③ 산재 보험은 회사가 100% 부담하니까 외국인은 혜택을 받지 못한다.
④ 한국에서 일정 기간 근무하고 보험료를 냈으면 실업 급여가 지급된다.

3. '국민 건강 보험'에 대한 내용으로 맞지 않는 것은 무엇인가요?

① 2년에 한 번씩 무료 건강 검진을 받을 수 있다.
② 병원비는 물론이고 약값도 할인받을 수 있다.
③ 지역 가입자와 직장 가입자로 구분되어 있다.
④ 고국으로 돌아간다면 그동안 낸 돈을 돌려받을 수 있다.

더 생각해 보기

❶ 여러분은 현재 어떤 보험에 가입되어 있으며, 그동안 어떤 혜택을 받았나요?
❷ 여러분은 이런 제도 중에서 어떤 것이 가장 중요하다고 생각하나요? 그렇게 생각하는 이유는 무엇인가요?

외국인이 한국에서 일을 하기 위해서는 먼저 체류 자격이 필요해요. 어떤 비자를 가지고 있느냐에 따라 할 수 있는 일의 종류도 달라지는데요. 다음 예시 대화를 참고하여, 외국인이 취업 가능한 대표적인 비자는 무엇이며, 그 조건 및 절차는 어떻게 되는지 설명하는 대화를 만들어 봅시다.

비자의 용도	대표 비자 예시
공부하면서 일할 수 있는 비자	D-2(유학), D-4(일반연수)
법인(회사)을 설립하고 사업할 수 있는 비자	D-8(기업투자) 등
전문 지식이나 기술을 가진 사람들을 위한 비자	E-1(교수), E-2(회화지도), E-3(연구), E-4(기술지도), E-5(전문직업), E-6(예술흥행), E-7(특정활동)
제조업, 건설업, 농축산업, 어업 분야에서 일할 수 있는 비자	E-9(비전문취업)
취업 활동에 제한이 거의 없는 비자	F-2(거주), F-4(재외동포), F-5(영주), F-6(결혼이민)

1. 전문직 취업 비자(E-7)

전문직에 종사하다 → E-7, 외국인 전문 인력이 받을 수 있는 비자 → IT·디자인·번역·회계·엔지니어링 같은 분야에서 일할 수 있다 → 관련 분야 학사 학위 & 1년 이상 경력, 석사 이상 학위 소지 또는 5년 이상 전문적인 근무 경력 중 하나 이상, 한국 회사와 고용 계약을 체결한 후 신청 가능

2. 영주권(F-5)

비자 갱신 없이 살다 → F-5, 한국인과 동일한 수준의 사회적 권리를 누릴 수 있는 비자 → 취업 활동에 제한 없이 다양한 직종에서 일할 수 있다 → 5년 이상 합법적으로 체류, 안정적인 소득 증명, 사회 통합 프로그램 5단계 이수

3. 비전문취업 비자(E-9)

단순 노무직으로 일하다 → E-9, 고용허가제를 통해 받을 수 있는 비자 → 제조업·농업·건설업 등 산업 현장에서 일할 수 있다 → 한국과 협약을 맺은 16개국 국민만 신청 가능, 고용허가제 한국어능력시험(EPS-TOPIK), 기능시험 필수, 표준 근로 계약서 등 준비

4. 창업 비자(D-8)

회사를 만들다 → D-8, 투자나 창업을 할 수 있는 대표적인 비자 → 개인 사업을 하거나 법인(회사)을 설립할 수 있다 → 최소 1억 원 이상의 투자금을 본국에서 가져와 한국 법인에 투자해야 하다, D-8 비자 취득 후 법인 설립, 사업자 등록

MEMO

예시

제니 저는 제 컴퓨터 전공을 살려 전문직에 종사하고 싶은데요. 어떤 비자를 취득해야 할까요?

상담사 그런 경우에는 E-7 비자, 즉 외국인 전문 인력이 받을 수 있는 비자를 신청하면 됩니다.

제니 어떤 분야에서 일할 수 있나요?

상담사 IT를 비롯해서 디자인, 번역, 회계, 엔지니어링 등 전문적인 기술과 지식이 필요한 분야에서 근무할 수 있습니다.

제니 자격 조건은 어떻게 되나요?

상담사 관련 분야 학사 학위와 1년 이상의 경력, 또는 석사 이상 학위나 5년 이상의 전문 경력 중 하나 이상이 필요합니다.

제니 절차가 복잡한가요?

상담사 우선 E-7 비자는 근로자 혼자 신청할 수 없고, 먼저 제니 씨를 고용하려는 한국 회사와 고용 계약을 체결한 후 신청해야 합니다.

제니 준비해야 하는 서류가 많은가요?

상담사 준비할 서류가 다소 많지만, 요건을 충족하면 비교적 수월하게 발급받을 수 있습니다.

제니 그렇군요. 저도 자격을 갖추기 위해 노력해야겠네요.

한국에서 여러분은 어떤 계획을 갖고 있나요? 하고 싶은 일을 생각해 본 후 어떤 비자가 필요한지, 대한민국 비자포털(www.visa.go.kr)에 접속하여 '비자안내' → '입국목적별 비자 종류' 메뉴로 들어가서 다양한 종류의 비자를 확인해 보세요. 그런 다음 장기 계획(비자, 공부, 취업, 자격증, 가족 계획 등)을 발표해 보세요.

하이의 계획

1. 목표 제시

- 대구에서 대학에 다니고 있음
- 기술 전문가로 성장하고 싶음

2. 5년 후 계획

- 기계공학과 졸업 후 석사 과정을 밟고자 함
- D-2-3 석사유학 비자로 변경 신청

3. 10년 후 계획

- 석사 학위 취득 후 대구에 있는 자동차 배터리 관련 회사에 취업
- E-7 전문직 비자로 변경 신청

4. 15년 후 계획

- 한국에서 영주권 취득
- 가족 초청
- 기술 전문가로 성장

사용할 문형

❶ **-(으)ㄹ 예정이다:** 앞으로 하려는 일이나 계획을 이미 정해 두었음을 나타내는 표현이다. 화자의 의도가 비교적 분명하고 실현 가능성이 있는 계획을 말할 때 쓰인다.

예 필요한 서류를 정리한 뒤 관련 기관에 문의할 예정입니다.

예 이번 발표에서는 주요 사례를 중심으로 핵심 내용을 약 20분 동안 설명할 예정입니다.

❷ **-기도 하고 -기도 하다:** 여러 행동이나 상태, 이유가 함께 있음을 나열해 말할 때 쓰는 표현이다.

예 아이들은 놀이 시설에 올라타 뛰어놀기도 하고, 둥글게 둘러앉아 게임을 하기도 했습니다.

예 그 말을 듣고 처음에는 당황스럽기도 하고 섭섭하기도 했지만, 이제는 마음에 두지 않으려고 합니다.

나의 계획

1. 목표 제시

-
-

2. 5년 후 계획

-
-

3. 10년 후 계획

-
-

4. 15년 후 계획

-
-
-

예시

저는 대구에서 대학에 다니고 있는 하이입니다. 앞으로 기술 전문가로 성장해서 한국 산업 발전에 도움이 되는 사람이 되고 싶습니다. 그래서 한국에서의 장기적인 계획을 세워 보았습니다.

먼저 기계공학과를 졸업한 후 석사과정에 진학할 예정입니다. 전공 분야의 기술을 더 깊이 배우고 연구 경험을 쌓기 위해 D-2-3 석사유학 비자로 변경을 신청하려고 합니다. 석사 학위를 취득한 다음, 대구에 있는 자동차 배터리 관련 회사에 취업할 계획입니다. 그때는 E-7 전문직 비자를 신청해서 전공을 살린 직장에서 일하면서 경력을 쌓고 싶습니다. 마지막으로 한국에서 영주권을 취득하고 가족을 초청하여 함께 살고 싶습니다.

미래의 일을 상상해 보면 두렵기도 하고 기대되기도 합니다. 한국에서 저의 꿈을 실현할 수 있도록 꾸준히 노력해서 한국 사회의 일원으로서 성실하게 살아가고 싶습니다.

들어가기

❶ 여러분은 창업에 대해 생각해 본 적이 있나요? 있다면 어떤 아이디어를 갖고 있나요?
❷ 한국에서 창업 시 외국인에게 어떤 어려운 점이 있을까요?

다음 신문 기사를 읽고 답해 봅시다.

언어 장벽·복잡한 행정, '외국인 창업' 막는다…개선 방향은?

정부가 외국인 창업가의 국내 창업을 돕는 '인바운드 창업' 정책을 강조하는 가운데 여전히 언어 장벽과 복잡한 행정 절차로 인한 어려움이 크다는 목소리가 나왔다.

노용석 중소벤처기업부 차관은 1일 서울 강남구 팁스타운에 있는 글로벌 스타트업 센터(GSC)에서 열린 '외국인 창업기업 간담회'에서 인바운드 창업 지원 정책의 한계를 점검하고 외국인 창업가들의 애로 사항을 청취했다.

현장에서 가장 먼저 언급된 것은 다양한 형태의 언어 장벽이었다. 국내에서는 영어보다는 한국어로 기업 홍보(IR) 발표가 이뤄지는 경우가 많아 외국인에게 한계로 다가온다. 영어로 된 창업 관련 정보가 부족해 애로 사항을 겪는다는 이야기도 나왔다.

간담회에 참석한 창업가 '케이 로' 씨는 "사업을 신청하는 웹사이트 플랫폼이나 기업 소개 PT 과정이 모두 한국어로 이뤄지는 건 스타트업들에게 큰 장벽"이라고 토로했다. 외국인 창업가를 지원하는 정부 정책임에도 한국어로 된 누리집에서 각종 서류를 작성해 신청해야 하는 구조라는 게 로 씨의 지적 사항이었다. 외국인 창업가를 더 많이 유치하겠다는 취지와 다르게 한국인 맞춤형으로 운영되는 셈이다.

최열수 창업진흥원 미래비전본부장은 "(외국인 창업가들에게) 영어로 된 공고문을 제공하고 (그들이) 영어로 사업을 신청할 수 있도록 한 사이트를 내년 초에 마련하려고 준비 중이다"며 언어 장벽 해소 방안을 제시했다.

공동 창업자를 구하는 것도 외국인 창업가들에겐 큰 장벽이었다. 한국인이 아닌 사람에게 공동 창업을 제안하자니 비자 발급 절차가 까다롭다는 것이 가장 큰 걸림돌이다. 외국인의 국내 법인 설립과 정착을 지원하는 창업경진대회 '스타트업 그랜드 챌린지'는 공동창업자 최대 2명에게까지 비자를 추천한다. 중기부는 관계 부처와 협의해 비자 지원 인원을 늘리는 방안을 고민하고 있고 조만간 정책 개선을 이뤄낼 것이라는 뜻을 내비쳤다.

각종 정부 지원 사업 및 법인 설립 과정에서 서류 절차가 너무 복잡하다는 지적도 나왔다. 이번 주 한국 법인 설립을 마친 '지 시지' 씨도 "한국은 페이퍼 워크(서류 절차)가 너무 어렵다. 한국이 다른 나라에 비해 서류 절차가 굉장히 복잡하다는 얘기를 직원들과도 많이 한다"며 "그렇기 때문에 한국인 공동창업자나 직원이 꼭 필요한 상황"이라고 설명했다.

직원 고용 과정에서의 행정 절차가 복잡하다는 의견도 있었다. 한국은 근로자를 보호하는 법이 엄격한 편이기 때문에 외국인 창업가에게는 이것 또한 장벽으로 느껴진다는 뜻이었다. 노 차관은 근로자 고용 과정의 어려움에 대해 "근로자를 보호하기 위해 불가피한 부분이 있다"며 "그럼에도 행정 절차를 줄이기 위해 최선을 다하겠다"고 답했다.

출처: 김세연, 『이데일리』, 2025. 8. 1.(https://v.daum.net/v/20250801171413042)

1. 외국인 창업가들이 언어 장벽으로 어려움을 겪는 이유는 무엇인가요?

① 한국에서는 통역 서비스를 항상 제공하기 때문에

② 정부의 모든 창업 지원 사이트가 영어로만 운영되기 때문에

③ 외국인 창업가들은 한국어 대신 다른 언어를 사용하기 때문에

④ 한국에서는 영어보다 한국어로 하는 사업 관련 발표가 많기 때문에

2. 외국인 창업가들이 행정 절차에서 겪는 어려움은 무엇인가요?

① 사업 신청에 필요한 서류를 모두 직접 방문해서 제출해야 한다.

② 정부 지원 사업과 법인 설립 과정에서 서류 절차가 복잡하다.

③ 외국인 전용 창업 지원 플랫폼이 있지만 이용 방법을 모른다.

④ 공동창업자를 구하는 것은 쉽지만 직원 고용 과정이 간단하지 않다.

3. 정부가 외국인 창업가의 어려움을 줄이기 위해 추진하려는 개선 방안에는 어떤 것이 있나요?

①

②

③

더 생각해 보기

❶ 한국 정부가 외국인 창업을 위해 추가로 어떤 지원을 해 주면 좋을까요?

❷ 여러분 나라에도 창업을 지원하는 프로그램이 있나요?

들어가기

❶ '법'이라는 단어를 들으면 어렵고 나와는 상관없는 것으로 인식되기도 해요. 그러나 한국에 살면서 여러분은 왜 법에 대해 알아야 할까요?

❷ 한국에서 외국인이 지켜야 하는 법이나 알아 두면 좋은 법에는 무엇이 있을까요?

다음 글을 읽고 답해 봅시다.

외국인의 생활과 직접 연결되는 법, 세 가지

법은 다소 어렵고 복잡하게 느껴지지만, 사실은 우리의 권리와 안전을 지켜 주는 약속이다. 특히 외국인은 낯선 환경에서 생활하기 때문에 거주하고 있는 나라의 법을 잘 이해하고 지키는 것이 중요하다. 법을 알면 불이익을 예방하고, 어려움을 겪을 때 도움을 받을 수도 있다. 한국에서 외국인이 합법적으로 체류하고 안전하게 생활하기 위해 기본적으로 알아 두어야 할 법으로 '출입국관리법', '재한외국인처우법', 그리고 '근로기준법'을 들 수 있다.

출입국관리법은 외국인의 입국, 체류, 출국과 관련된 사항을 규정한 법이다. 비자를 발급받거나 체류 자격을 변경하거나 체류 기간을 연장할 때는 반드시 이 법을 따라야 한다. 체류 기간이 끝난 뒤 출국하지 않거나 허가 없이 일을 하는 경우에는 이 법을 위반하게 되어 벌금이나 강제 출국 등의 처벌을 받을 수 있다. 따라서 외국인은 비자 조건과 체류 기간을 꼼꼼히 확인하고, 기간이 끝나기 전에 갱신 신청을 해야 한다.

재한외국인처우법은 한국 사회에 체류하는 외국인의 기본적인 권리와 복지를 보호하기 위한 법이다. 이 법은 외국인이 한국인과 동등한 대우를 받을 수 있도록 돕는 것을 목표로 한다. 예를 들어, 외국인 자녀의 교육, 의료 서비스, 긴급 복지 지원, 법률 상담 등 생활에 필요한 다양한 서비스를 받을 수 있는 제도들이 이 법을 근거로 운영된다. 외국인 주민 센터나 외국인 지원 센터에서도 이 법을 토대로 여러 가지 상담과 지원을 제공한다.

근로기준법은 일하는 모든 근로자를 보호하기 위한 법으로, 외국인 근로자에게도 똑같이 적용된다. 근로 계약서 작성, 근무 시간, 휴일, 임금, 퇴직금 등 기본적인 근로 조건을 정해 두었으며, 사업주가 임금을 주지 않거나 부당하게 해고했다면 노동청에 신고해 권리를 보호받을 수 있다. 이 법은 '한국에서 일하는 사람이라면 모두 법의 보호를 받는다'는 원칙을 담고 있다.

한국에서의 생활이 길어질수록 법을 잘 이해하고 지키는 것이 더욱 중요하다. 법은 단순히 규칙이 아니라 우리가 불공정한 일을 당했을 때 스스로를 보호할 수 있는 도구다. 외국인에게는 특히 '모르는 것이 손해'가 되는 경우가 많기 때문에 자신의 비자 조건, 근로권, 생활권과 관련된 법을 꾸준히 확인하는 습관이 필요하다. 한국의 법을 잘 알고 지키면 한국에서의 삶은 훨씬 안정적이고 더 넓은 기회를 얻을 수 있다.

1. 무엇에 대해 이야기하고 있나요?

한국에서 외국인이 알아야 할 ______________과/와 그 내용

2. 본문 내용과 일치하는 것은 무엇인가요?

① 근로기준법은 외국인 근로자에게는 적용되지 않는다.

② 근로기준법은 외국인의 비자 발급 절차를 규정한 법이다.

③ 출입국관리법을 위반해도 체류 기간을 연장할 수 있다.

④ 출입국관리법은 외국인의 입출국 등의 사항을 규정한 법이다.

3. '재한외국인처우법'을 근거로 운영되고 있는 것들에는 무엇이 있나요?

①

②

③

더 생각해 보기

❶ 한국에서 외국인에게 가장 중요하다고 생각하는 법은 무엇이며, 그렇게 생각하는 이유는 무엇인가요?

❷ 한국 생활 중 법과 관련된 어려움을 겪은 적이 있나요? 있다면 그때 어떻게 해결했는지, 없다면 앞으로 어떻게 대처하면 될지 말해 보세요.

상담 요청 글을 작성해 봅시다.

1. 여러분은 한국에서 생활하면서 직장에서의 임금 체불, 초과 근무, 예기치 않은 사고, 사기처럼 법적으로 도움이 필요한 상황을 겪은 적이 있나요?

2. 한국에는 경제적으로 어렵거나 법을 잘 모르는 사람들(외국인 포함)을 위해 무료로 법률 상담을 해 주고 필요하면 소송까지 도와주는 '대한법률구조공단'이 있는데요. 대한법률구조공단에 상담을 요청하는 글을 작성해 봅시다.

3. 대한법률구조공단의 법률 상담은 아래와 같이 다양한 방식으로 받을 수 있는데요. 원하는 방식을 선택해 보세요.

□ 챗봇: 법률 상담 사례, 법률 서식 정보, 상담 예약이 필요한 고객

□ 면접 상담(예약, 비예약): 법률구조가 필요한 고객

□ 전화 상담(국번 없이 132): 간단한 상담이 필요한 고객

□ 채팅 상담: 계약 등 민사소송, 임대차 등 간단한 상담이 필요한 고객

□ 화상 상담: 거동 불편 취약 계층 우선 이용, 상담 내용 기재 등 필요

■ 사이버 상담: 홈페이지를 통한 답변을 원하는 고객

4. 상담하고 싶은 내용을 간단하게 정리해 봅시다.

구분	내용
인사 및 자기소개 (기본 정보 제공)	
문제 상황 설명	
상대방(회사 등)의 입장 또는 사정	
알고 싶은 점과 요청 사항	
마무리 (감사의 표현, 연락처)	

5. 여러분이 작성한 표를 바탕으로, 상담 요청 글을 써 봅시다.

정보 알아 두면 유용해요!

체류 외국인을 위한 주요 정보

1 비자의 종류

대분류 코드		주요 내용	대표 비자 예시
A	외교	외교·공무·협정	A-1(외교), A-2(공무), A-3(협정)
B	단기방문	단기체류·관광·통과	B-1(사증면제), B-2(관광통과)
C	단기체류	관광, 단기상용, 단기취업	C-1(일시취재), C-3(단기방문), C-4(단기취업)
D	일반체류	유학·연수·연구·취재 등	D-1(문화예술), D-2(유학), D-3(기술연수), D-4(일반연수), D-5(취재), D-6(종교), D-7(주재), D-8(기업투자), D-9(무역경영) D-10(구직)
E	취업	전문직, 강사, 산업기술, 단순노무	E-1(교수), E-2(회화지도), E-3(연구), E-4(기술지도), E-5(전문직업), E-6(예술흥행), E-7(특정활동), E-8(계절근로), E-9(비전문취업), E-10(선원취업)
F	거주·영주·가족	영주, 결혼이민, 재외동포 등	F-1(방문동거), F-2(거주), F-3(동반), F-4(재외동포), F-5(영주), F-6(결혼이민)
G	기타	난민, 재판 참여 등 특수 체류	G-1(기타: 난민신청자, 재판참여자 등)
H	방문취업	방문취업, 재외동포 등	H-1(관광취업), H-2(방문취업)

※ 한국 체류 비자 분류표 요약

2 비자 관련 정보

- 대구 고용복지플러스센터
  - 대구 고용복지플러스센터 1층에 있는 외국인고용허가팀에서는 주로 E-9, H-2 외국인 근로자 관련 상담을 맡고 있음
- 숙련기능인력(E-7-4) 전환 추천 제도 안내

  - 최근 10년간 4년 이상 E-9, H-2 등의 자격으로 국내에서 합법적으로 취업 활동 중인 외국인 중 숙련성 등이 검증된 자에게 숙련기능인력(E-7-4)으로의 전환을 허용하는 제도
  - 신청 절차
    ① 4년 이상 체류한 제조업 근로자
    ② 사업장 관할 지방고용노동청에 추천신청서 제출(상시 접수)
    ③ 고용부(→법무부) 추천 여부 확인(+30점 가점)
    ④ 법무부 '하이코리아'에 온라인 접수

3 건강 보험 관련 정보

- 국가 건강 검진(영유아 검진, 일반 건강 검진, 암 검진)
  - 검진 기간: 당해 연도 12월 31일까지
  - 검진 비용: 본인부담금 없으나 암 검진은 일부 본인부담금 발생할 수 있음
  - 검진 절차
    ① 검진 대상 확인 후 원하는 검진 기관에 검진 문의 및 예약
    ② 건강 검진 실시(신분증 지참)
    ③ 15일 이내에 검진 기관에서 검진 결과 통보

4 알아 두면 유용한 웹사이트

① 체류/비자 관련

- 대한민국 비자포털 www.visa.go.kr
- 하이코리아 www.hikorea.go.kr
- 정부24 plus.gov.kr
- 사회통합정보망 www.socinet.go.kr

② 자격증 관련

- 고용24 www.work24.go.kr
- 한국산업인력공단 www.hrdkorea.or.kr
- 큐넷 www.q-net.or.kr

③ 보험 관련

- 국민연금공단 www.nps.or.kr
- 국민건강보험공단 www.nhis.or.kr
- 고용노동부 www.moel.go.kr
- 근로복지공단 www.comwel.or.kr

④ 법률 관련

- 대한법률구조공단 www.klac.or.kr
- 국가법령정보센터 www.law.go.kr
- 찾기쉬운 생활법령정보 www.easylaw.go.kr
- 국가인권위원회 www.humanrights.go.kr

제10과

복지와 교육

제 10과 복지와 교육

1 외국인과 다문화 가족을 지원하는 기관으로는 어떤 곳이 있나요?

2 외국인 근로자 지원 센터에서는 어떤 서비스를 제공하나요?

3 다문화 가족 지원 센터에서는 어떤 서비스를 제공하나요?

4 외국인종합안내센터와 다누리콜센터에서는 어떤 상담을 해 주나요?

5 한국 국민에게만 지원되는 최저 생계비, 의료비, 복지 등을 지원받을 수 있는 외국인은 누구인가요?

들어가기 

❶ 외국인을 지원하는 기관 중에 '외국인 근로자 지원 센터'가 있는데요. 여기에서 어떤 프로그램을 운영하는지 알고 있나요?

❷ 외국인 근로자 지원 센터에서 한국어 교육, 정보화 교육, 산업 안전 교육, 법률 교육 같은 교육 프로그램 이외에 어떤 프로그램이 진행되면 외국인 근로자에게 유용할까요?

다음 대화를 듣고 답하세요.

1. 외국인 근로자 지원 센터에서 할 수 없는 일은 무엇인가요?

① 가끔 열리는 문화 행사에 참여할 수 있다.

② 무료 한국어 수업과 컴퓨터 교육을 받을 수 있다.

③ 출입국이나 체류 문제에 대한 상담을 받을 수 있다.

④ 비자 변경이나 비자 연장 업무를 처리할 수 있다.

2. 외국인 근로자 지원 센터에서 '무료 이발 서비스'를 받을 수 있는 날은 언제인가요?

① 매월 첫째 주 금요일

② 매월 둘째 주 토요일

③ 매월 셋째 주 일요일

④ 매주 일요일 오후 3시

3. 대화에서 나온 '다문화 카페'는 어떤 공간인가요?

① 외국인들이 친구들과 함께 ____________ 공간이다.

② ____________과/와 탁구대가 설치되어 있는 공간이다.

들어가기

❶ 외국인을 지원하는 기관 중에 '다문화 가족 지원 센터'라는 곳이 있는데요. 어떤 외국인을 대상으로 운영되는 센터인가요?
❷ 다문화 가족 지원 센터에서는 어떤 프로그램을 운영하고 있을까요?

Track 28

다음 대화를 듣고 답하세요.

1. 이 센터를 주로 이용하는 사람은 누구인가요?

① 한국에서 일하는 직장인
② 한국을 여행하는 관광객
③ 한국인과 혼인한 외국인
④ 대사관에서 근무하는 외교관

2. 이 센터에서 진행하는 사업이 아닌 것은 무엇인가요?

① 방문 교육 사업
② 언어 발달 지원 사업
③ 주거 공간 지원 사업
④ 이중 언어 가족 환경 조성 사업

3. 대화에서 나온 결혼 이민자를 위한 프로그램을 두 가지 쓰세요.

① 의사소통 지원을 위한 ____________ 제공
② 취업 지원을 위한 ____________ 등 운영

들어가기 

❶ 여러분은 한국어 말하기 대회에 나가 본 적이 있나요? 만약에 1등을 차지한 외국인을 인터뷰하게 된다면 어떤 질문을 해 보고 싶은가요?
❷ 한국어를 하는 외국인 중에 한국인 못지않게 정확하고 유창하게 말하는 사람을 본 적이 있을 텐데요. 그들의 비법은 무엇일까요?

다음 대화를 듣고 답하세요.

1. '와드'에 대한 설명으로 알맞지 않은 것은 무엇인가요?

① 2015년에 아버지 직장 때문에 가족이 모두 수단에서 한국으로 오게 되었다.
② 한국어를 잘하기 때문에 '한', '흥', '정' 같은 단어를 이해하는 데에도 문제가 없었다.
③ 대회에서 대상을 수상한 가장 큰 이유는 주제에 맞게 전하고 싶은 내용을 솔직하게 표현했기 때문이다.
④ 한국어를 처음 공부할 때 한 단어가 여러 가지 뜻을 가지고 있어서 상황에 맞게 사용하는 게 어려웠다.

2. 대화에서 나오는 고등학교에 대한 설명으로 알맞은 것은 무엇인가요?

① 다문화 학생은 총 27명이 있고, 점점 감소하는 추세이다.

② 다문화 학생들을 위한 여름 방학 프로그램을 진행하고 있다.

③ 학교에서는 뮤지컬을 만드는 다문화 동아리를 운영할 예정이다.

④ 한국 학생과 다르게 다문화 학생이 단어 등을 학습하는 수업이 있다.

3. '와드'가 한국어를 잘하는 비결로 든 것은 무엇인가요?

① ____________________ 상황을 만드는 게 중요하다.

② ____________________ 취미를 가진다.

더 생각해 보기

❶ 여러분이 지금 다니고 있는 학교나 회사, 센터에서는 외국인을 위해 어떤 프로그램을 진행하고 있나요?

❷ 여러분이 참여해 봤던 프로그램의 좋은 점과 개선되어야 할 점은 무엇인가요?

다문화 가족 지원 센터에서는 다양한 프로그램을 운영하고 있는데요. 다음 예시 대화를 참고하여, 프로그램에 대해 문의하고 상담이나 서비스 신청을 하는 대화를 만들어 봅시다.

1. 다문화 가족 자녀 언어 발달 지원 사업

- 프로그램명: 언어 발달 교육
- 사업 기간: 연중
- 장소: 센터
- 대상: 만 12세 이하 다문화 가족 자녀
- 주요 내용: 언어 발달 전문가가 아이의 수준을 정확하게 평가하고 결과에 따라 1:1 맞춤형 언어 교육을 무료로 제공하는 서비스

2. 다문화 가족 방문 교육 사업

- 프로그램명: 방문 자녀 생활 서비스
- 사업 기간: 연중
- 장소: 대상 가정
- 대상: 만 3세~12세 이하 다문화 가족 자녀, 중도 입국 자녀
- 주요 내용: 아이의 학교생활 적응, 숙제 지도 등 전반적인 생활을 도움으로써 자아, 정서, 사회성 발달에서 어려움을 겪지 않도록 다문화 가족 자녀에게 교육 제공

3. 다문화 가족 교류 소통 공간 사업

- 프로그램명: 우리 동네 밥상 모임
- 사업 기간: 2026년 3월~10월
- 장소: 센터
- 대상: 대구 동구에 거주하는 결혼 이민자 및 한국인 주민
- 주요 내용: 월 1회, 함께 식사를 하고 싶은 지역 주민이 모여 요리를 만들고 식사를 하는 모임

4. 결혼 이민자 역량 강화 지원 사업

- 프로그램명: 한국어 교육
- 사업 기간: 2026년 3월~6월
- 장소: 센터
- 대상: 결혼 이민자
- 주요 내용: 취업을 위한 한국어, 지역 문화를 위한 한국어, 자녀 학습 지도를 위한 한국어 등 다양한 한국어 수업을 자율적으로 선택

예시

학부모 안녕하세요? 거기 다문화 가족 지원 센터 맞나요?

상담사 네, 안녕하세요? 무엇을 도와드릴까요?

학부모 홈페이지에서 '언어 발달 교육' 프로그램을 봤는데, 궁금한 게 있어서 문의 좀 드리려고요.

상담사 네, 이 프로그램은 만 12세 이하의 다문화 가족 자녀를 대상으로 운영되고 있습니다.

학부모 아, 저희 아이는 여덟 살이니까 대상이 되겠네요. 혹시 언제 신청할 수 있나요?

상담사 네, 이 사업은 연중 진행하기 때문에 언제든지 신청 가능합니다.

학부모 수업은 어디에서 진행되나요?

상담사 대부분 센터 내 교육실에서 진행되고, 필요할 경우 가정 방문 수업도 가능합니다.

학부모 수업 방식이 궁금한데요. 아이마다 수준이 다를 텐데 어떻게 진행되나요?

상담사 먼저 언어 발달 전문가가 아이의 수준을 평가한 뒤, 결과에 따라 1:1 맞춤형 언어 교육을 무료로 제공합니다.

학부모 아, 그렇군요. 그럼 준비해야 할 서류가 있을까요?

상담사 기본적으로 가족 관계 증명서와 아이의 외국인 등록증 사본이 필요합니다.

학부모 네, 잘 알겠습니다. 그럼 이번 주 안에 방문해서 상담 받도록 하겠습니다.

상담사 네, 감사합니다. 방문 전에 전화로 시간만 한 번 더 확인해 주세요.

여러분은 좋은 학교에 다니고, 좋은 직장을 구하고, 행복한 가정을 꾸리며 각자의 자리에서 멋지게 한국 생활을 하고 있어요. 어떻게 성공적으로 한국에 정착하며 살고 있는지 여러분의 성공 노하우를 발표해 보세요.

리사의 성공 노하우

1. 도입

- 자기소개
- 한국에 오게 된 계기

2. 어려웠던 점

- 언어, 문화
- 외로움

3. 극복 과정

- 도움받은 기관, 프로그램
- 사람

4. 전환점과 변화

- 자신감, 자존감 회복
- 일·봉사 활동 시작

5. 후배에게 조언

- 집에만 있지 않기
- 외부 활동 늘리기

6. 마무리

나의 성공 노하우

1. 도입
   -
   -
2. 어려웠던 점
   -
   -
3. 극복 과정
   -
   -
4. 전환점과 변화
   -
   -
5. 후배에게 조언
   -
   -
6. 마무리

사용할 문형

❶ **N이자 N:** 하나의 대상이 두 가지 성격이나 역할을 동시에 지니고 있음을 나타내는 표현이다.

예 반려견은 외로운 현대인에게 위로를 주는 가족이자 친구입니다.

예 제 주위 사람들은 경험이 없다는 이유로 걱정을 많이 하지만, 저는 오히려 그것이 단점이자 장점이라고 생각합니다.

❷ **-(으)며 전환점을 맞이하다:** 어떤 사건이나 행동을 계기로 상황이나 흐름이 이전과는 다르게 바뀌는 중요한 시점에 이르렀음을 나타내는 표현이다. 이때 '-(으)며' 대신 '-(으)면서'가 쓰이기도 한다.

예 새로운 기술을 도입하며 회사는 성장의 전환점을 맞이했습니다.

예 그 사람과의 만남을 통해 삶의 태도가 달라지며 중요한 전환점을 맞이했습니다.

예시

저는 필리핀에서 온 리사라고 합니다. 2015년에 한국인 남편과 결혼하면서 처음 한국에 오게 되었습니다. 처음에는 모든 게 낯설었습니다. 남편을 사랑하지만 낮 동안에는 혼자 있는 시간이 많았고, 언어가 통하지 않아서 정말 외로움을 많이 느꼈습니다. '나는 이제 남편의 아내이자 아이의 엄마일 뿐, 진짜 나는 사라졌구나'라는 생각이 들 때도 있었습니다.

그러던 어느 날, 남편의 권유로 다문화 가족 지원 센터를 찾게 되었습니다. 그곳에서 저와 같은 고민을 가진 친구들을 만나고 함께 한국어를 배우며 제 인생의 전환점을 맞이했습니다. 특히 '이중 언어 교실'에서 아이들에게 필리핀어를 가르치는 봉사 활동을 하면서 잃어버렸던 자신감과 자존감을 되찾을 수 있었습니다. '내가 가진 문화가 누군가에게 도움이 될 수 있구나'라는 사실을 깨달았을 때 비로소 한국에서의 삶이 더 이상 두렵지 않았습니다.

지금은 다문화 이해 교육 강사로 일하면서 새로 한국에 온 결혼 이민자들에게 제가 겪은 이야기를 들려주고 있습니다. 후배들에게 절대 집에만 있지 말고 문을 열고 밖으로 나와 보라고 이야기해 주고 싶습니다. 앞으로도 한국에서 가족과 함께 행복하게 살고 싶습니다.

들어가기

❶ 다문화 가족과 외국인을 지원하는 기관으로 다문화 가족 지원 센터, 외국인 근로자 지원 센터 외에 어떤 곳이 있나요?
❷ 외국인종합안내센터와 다누리콜센터에서는 어떤 서비스와 지원을 요청할 수 있는지 알고 있나요?

다음 글을 읽고 답해 봅시다.

도움이 필요할 때 전화하세요

한국 사회에서 생활하는 외국인과 다문화 가족은 언어와 문화 차이로 어려움을 겪을 때가 많다. 이럴 때는 전화 한 통으로 도움을 받을 수 있는 '1345 외국인종합안내센터'와 '다누리콜센터(1577-1366)'를 이용해 보자.

1345 외국인종합안내센터는 법무부가 운영하는 공식 상담 창구로, 재한외국인의 국내 체류에 필요한 각종 생활 정보와 출입국·체류 관련 민원 상담을 20개 언어로 제공한다. 특히 최근에는 산업 재해나 임금 체불 등의 피해가 발생했을 때 외국인 노동자의

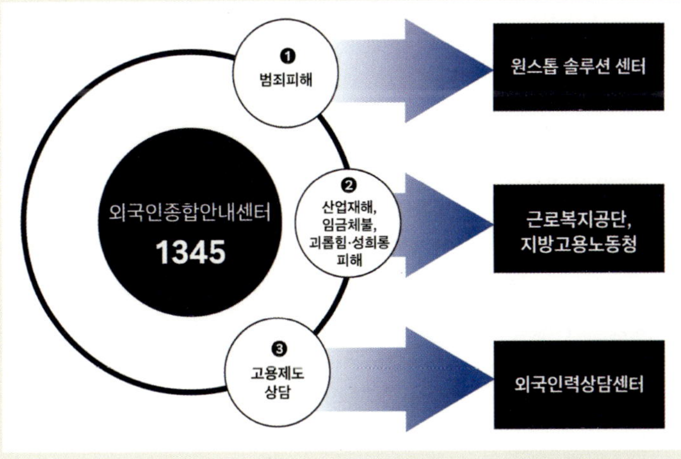

전화 상담을 통해 인권 침해 사실이 확인되면, 피해 유형에 따라 '원스톱 솔루션 센터' 또는 고용노동부 '외국인력상담센터' 등에 연계하여 맞춤식 피해 지원을 받을 수 있게 해 준다.

한편 다누리콜센터는 여성가족부가 운영하는 다문화 가족 종합 정보 콜센터로, 상담은 13개 언어로 가능하다. 이주 여성의 정착 단계와 다문화 가족의 생애 주기에 맞는 상담을 제공하며, 폭력 피해 이주 여성에 대한 긴급 보호와 상담, 법률 서비스 연계, 한국어 교육 지원 안내, 통역 지원 같은 서비스를 받을 수 있다. 또한 가족 내 의사소통, 자녀 교육, 부부 관계 상담 등 정서적 지원까지 폭넓게 이루어진다.

이처럼 두 기관은 외국인의 인권 보호와 안정적인 정착을 지원하는 대표적인 상담 창구로 자리 잡았으며, 앞으로도 외국인이 한국 사회의 일원으로 살아가는 데 든든한 동반자가 되어 줄 것이다.

다누리콜센터

1577-1366

서비스 시간	서비스 언어
1년 365일 24시간 (주말, 공휴일 포함)	이주여성 전문상담원이 13개 언어로 상담

1. '1345 외국인종합안내센터'에 대한 설명으로 알맞지 않은 것은 무엇인가요?

① 법무부가 운영하는 공식 상담 창구이다.

② 출입국·체류 관련 상담을 20개 언어로 제공한다.

③ 외국인 근로자의 산업 재해 같은 문제는 다루지 않는다.

④ 인권 침해가 확인되면 관련 기관과 연계하여 지원해 준다.

2. '다누리콜센터'에서 제공하는 서비스로 알맞은 것은 무엇인가요?

① 출입국 심사 예약

② 사업자 등록 신청 대행

③ 외국인 등록증 발급 대행

④ 긴급 보호와 법률 상담 지원

3. 두 기관의 공통된 목표는 무엇인가요?

①

②

더 생각해 보기

❶ 여러분이 외국인 친구에게 이 두 기관 중 하나를 추천해야 한다면 어느 기관을 추천하겠으며, 그 이유는 무엇인가요?

❷ 외국인으로서 한국 생활 중 어려움을 겪을 때 어떤 도움을 가장 받고 싶은가요? 왜 그렇게 생각하나요?

들어가기

❶ 여러분은 다문화 사회로 변화하는 한국의 모습을 보면서 어떤 느낌을 받았나요?

❷ 서로 다른 문화와 사고방식을 가진 사람들이 함께 살아가기 위해 어떤 노력이 필요하다고 생각하나요?

다음 글을 읽고 답해 봅시다.

다문화 사회, 함께 어울리기 위한 과제

한국 사회는 다양한 문화적 배경을 가진 사람들이 함께 살아가는 다문화 사회로 변화하고 있다. 정부와 지방자치단체에서는 다문화 가족을 위한 복지 제도와 교육 프로그램을 확대하고 있으며, 학교와 지역 사회에서도 서로의 문화를 이해하려는 분위기가 점차 확산되고 있다. 이제 다문화는 낯선 단어가 아니라 우리 일상 속 자연스러운 모습이 되었다.

그럼에도 불구하고 아직 편견이 완전히 사라진 것은 아니다. 예를 들어, 군 복무 중인 다문화 가정 출신 장병들은 외모가 다르거나 군대 용어나 문화에 익숙하지 않다는 이유로 때때로 오해를 받거나 '다르다'는 시선에 부담을 느끼기도 한다. 물론 서로를 존중하고 배려하려는 분위기가 자리 잡아 가고 있지만, 모두가 편안하게 어울리기 위해서는 더 깊은 이해와 인식의 변화가 필요하다.

전문가들은 제도적 지원뿐 아니라 일상 속에서 서로의 문화를 존중하고 대화하려는 태도가 진정한 공존 사회를 만드는 핵심이라고 강조한다. 서로의 차이를 인정하고 함께 성장하는 사회, 그것이 앞으로 우리가 나아가야 할 다문화 사회의 방향이다.

1. 이 글의 주제로 가장 알맞은 것은 무엇인가요?

① 다문화 사회의 복지 정책 비교

② 외국인 근로자의 권익 보호 사례

③ 다문화 사회의 발전과 해결해야 할 과제

④ 다문화 장병의 군 생활 개선 방안 제시

2. 이 글에서 말한 다문화 장병들이 겪는 어려움은 무엇인가요?

① 한국어를 전혀 사용하지 못해 의사소통이 불가능하다.

② 복지 제도 혜택과 제대로 된 교육을 받지 못해 힘들다.

③ 군대 내에서 편견이 사라졌지만 군 생활이 부담스럽다.

④ 군대 용어나 문화에 익숙하지 않아 오해를 받는 경우가 있다.

3. 진정한 공존 사회를 만들기 위해 필요한 태도는 무엇인가요?

일상생활 속에서 ________________________________ 태도

더 생각해 보기

❶ 여러분은 다른 문화를 가진 사람과 함께 생활하면서 어떤 것을 느꼈나요?

❷ 다문화 사회에서 편견을 줄이기 위해 개인이 할 수 있는 일은 무엇일까요?

인식 개선을 촉구하는 글을 작성해 봅시다.

1. 여러분은 한국에서 생활하면서 평소에 바뀌었으면 좋겠다고 생각한 사람들의 행동이나 인식이 있었나요?

2. '서로를 이해하는 사회'라는 주제로 신문 기고문을 작성해 봅시다.

3. 아래의 주제 중 하나를 선택하거나 원하는 주제를 정해 보세요.

■ 환경 보호에 대한 인식 개선
□ 반려동물에 대한 책임 있는 태도
□ 온라인 예절과 혐오 표현에 대한 인식 변화
□ 에너지 절약과 지속 가능한 소비 습관
□ 교통질서와 보행자 안전에 대한 인식 개선
□

4. 여러분의 생각과 제안을 간단하게 정리해 봅시다.

구분	내용
문제 제기	
원인 분석	
구체적인 사례 제시	
개선 방안 제안	
결론 및 촉구	

5. 여러분이 작성한 표를 바탕으로, 신문 기고문을 작성해 봅시다.

정보 알아 두면 유용해요!

외국인 근로자와 다문화 가족을 위한 생활 정보

1 외국인 근로자 관련 정보

- 고용노동부 1350
  - 상담 대상 및 분야: 임금 체불, 직장 내 괴롭힘, 직장 내 성희롱 등 노동관계 전 분야에 대해 상담을 원하는 사람은 누구나 이용 가능
- 이주민 진료 센터
  - 일시: 매주 일요일 14:00~17:00
  - 진료비: 무료
  - 대상: 대구 거주 외국인 근로자, 외국인 유학생, 생활이 어려운 다문화 가정 및 자녀 등
  - 장소: 대구시의사회관 1층 이주민 진료 센터
- 대구노동권익센터
  - 노동자의 권리 보호와 노동 조건 향상을 위한 노동 종합 지원 서비스 제공
  - 운영 시간: 매주 월~금 09:00~18:00
  - 전화번호: 053-475-7700
  - 무료 법률 상담 안내: 노무, 생활법률, 세무 등
- 외국인 근로자를 위한 통역 지원 서비스
  - 외국인력상담센터(1577-0071): 외국인 근로자 전용 콜센터, 고용허가제 송출국 등 17개 언어, 3자 통화 등 전문 서비스 이용 가능
  - 대구외국인근로자지원센터(053-654-9700): 인도네시아어 상담 가능
  - 고용허가제 다국어 상담원 대구청(053-667-6047): 중국어, 네팔어, 파키스탄어 상담 가능
  - 지방고용노동관서 통역 서비스 대구청(053-667-6042): 네팔어, 베트남어, 스리랑카어, 우즈벡어, 인도네시아어, 캄보디아어 상담 가능

2 다문화 가족 돌봄과 교육

- 아이 돌봄 서비스 1577-2514
  - 부모의 맞벌이 등의 사유로 양육 공백이 발생한 가정의 12세 이하 아동을 대상으로 아이 돌보미가 찾아가는 돌봄 서비스 제공
  - 양육 공백 가정 종류: 맞벌이 가정, 취업 한부모 가정, 장애 부모 가정, 다자녀 가정, 다문화 가정, 아동 학대 피해 위기 아동 가정 등
- 한국어 교육 센터
  - 한국어 집중 교육을 통한 이주 배경 학생 성장 지원
  - 대상: 한국어 능력이 부족하여 학교생활이 어려운 이주 배경 학생(초3~고)
  - 운영 방법: 학생 개인별 3개월(약 12주) 위탁 교육

3 알아 두면 유용한 전화번호 및 웹사이트

① 노동 분야

- 대구지방고용노동청 053-667-6200
- 고용 평등 상담 대표전화 1551-9811

② 다문화 가족 관련

- 다문화 가족 지원 포털 다누리 www.liveinkorea.kr
- 대구광역시육아종합지원센터 daegu.childcare.go.kr
- 대구여성새로일하기센터 www.dgnewjob.go.kr

부록

듣기 지문

제1과 · 병원과 약국

듣기 1 Track 1

접수대 직원: 안녕하세요, 우리 내과입니다.
유학생: 안녕하세요. 감기 때문에 진료 예약을 하고 싶은데요. 오늘 오후에 진료 가능한가요?
접수대 직원: 네, 가능합니다. 오후 3시 20분 괜찮으세요?
유학생: 네, 좋습니다.
접수대 직원: 초진이신가요?
유학생: 네, 처음입니다.
접수대 직원: 성함이랑 연락처 좀 알려 주세요.
유학생: 응웬 티 홍항이고, 010-123-4567입니다.
접수대 직원: 네, 예약 완료됐습니다. 오실 때 신분증 지참해 주세요.

듣기 2 Track 2

접수대 직원: 안녕하세요? 어디가 불편해서 오셨나요?
유학생: 어금니가 아파서요.
접수대 직원: 저희 병원 처음이세요?
유학생: 네, 처음이에요.
접수대 직원: 그럼, 여기에 이름하고 연락처 좀 작성해 주시고요, 외국인 등록증이랑 건강 보험증 좀 보여 주세요. 잠깐만 기다려 주세요.

(잠시 후)

치과 의사: 안녕하세요. 어디가 아프세요?
유학생: 오른쪽 아래 어금니가 계속 욱신거리고 뜨거운 음식 먹을 때 통증이 있어요.
치과 의사: 확인해 보니 충치가 꽤 진행돼서 신경 치료가 필요할 거 같은데요.
유학생: 신경 치료면 많이 아픈가요?
치과 의사: 마취를 하기 때문에 크게 아프지 않습니다. 근데 앞으로 두 번 정도 더 오셔야 돼요.
유학생: 언제 또 와야 되나요?
치과 의사: 일주일 간격으로 두 번 더 오시면 됩니다. 오늘은 첫 단계 치료를 하고 다음 주에 두 번째 치료를 하죠. 괜찮으세요?
유학생: 네, 그렇게 하겠습니다.

(잠시 후)

접수대 직원: 치료는 잘 받으셨나요?
유학생: 네, 생각보다 아프지 않았어요.
접수대 직원: 네, 그럼 다음 주 화요일 오전 10시로 예약해 드릴까요?
유학생: 네, 그때 오겠습니다.

듣기 3 Track 3

간호사: 왕페이페이 환자분 맞으세요? 안으로 들어오시겠어요?
유학생: 네.
의사: 안녕하세요. 어떻게 오셨나요?
유학생: 감기에 걸린 거 같아서요.
의사: 목이 많이 부었고 열도 좀 있네요. 몸이 으슬으슬한가요? 두통은 없으세요? 혹시 설사도 하셨나요?
유학생: 네, 맞아요. 몸도 으슬으슬하고 머리도 아파요. 어젯밤에는 설사도 했어요.
의사: 증상이 독감과 비슷하네요. 혹시 기침이나 콧물도 나세요?
유학생: 기침은 조금 나지만, 콧물은 안 나요.
의사: 요즘 독감이 유행이라서, 독감 검사를 해 보는 게 좋겠습니다. 10분 정도면 결과가 나옵니다.
유학생: 네, 알겠습니다.

(검사 후)

의사: 검사 결과 A형 독감이네요.
유학생: 아… 그럼, 어떻게 해야 돼요?
의사: 독감약 처방해 드릴게요. 열이 심하면 해열제도

함께 복용하세요. 최소 3일은 집에서 푹 쉬시고, 물을 많이 드셔야 합니다.

유학생: 알겠습니다. 혹시 학교에 제출할 진료 확인서를 받을 수 있을까요?

의사: 네, 접수 창구에서 진료 확인서를 발급받으시면 됩니다.

유학생: 감사합니다.

의사: 네, 가능하면 충분히 쉬고, 열이 계속 나거나 다른 증상이 있으면 다시 내원하세요.

제2과 · 은행

듣기 1 Track 4

유학생: 예금 상품에 대해 알고 싶은데요.

은행원: 네, 저희 은행에는 정기 예금과 자유 적금이 있습니다.

유학생: 어떤 차이가 있어요?

은행원: 정기 예금은 일정 금액을 한 번에 넣고 만기일에 찾는 상품이에요. 자유 적금보다는 이자가 높습니다.

유학생: 자유 적금은요?

은행원: 가입 기간을 선택할 수 있고, 월 납입 한도 내에서 매달 조금씩 돈을 넣을 수 있습니다.

유학생: 그럼 자유 적금으로 할게요.

은행원: 기간은 얼마나 하시겠어요?

유학생: 1년이요.

듣기 2 Track 5

은행원: 안녕하세요, 고객님. 오래 기다리셨죠? 불편을 드려 죄송합니다. 뭘 도와드릴까요?

유학생: 모바일 뱅킹을 이용하고 싶은데 어떻게 해야 하죠?

은행원: 모바일 뱅킹을 이용하시려면 먼저 은행 앱을 설치하셔야 합니다.

유학생: 네, 설치했어요.

은행원: 그럼 로그인 후 공동 인증서 등록을 눌러 주세요. 인증서는 인터넷 뱅킹에서 만들 수도 있습니다.

유학생: 인증서가 꼭 필요해요?

은행원: 네, 송금이나 이체를 할 때는 반드시 인증서가 있어야 해요.

유학생: 아, 알겠습니다.

은행원: 그리고 송금할 때는 받는 사람의 계좌 번호와 은행명을 정확히 입력하고 받는 사람의 이름이 맞는지 반드시 확인해야 합니다. 계좌 번호가 틀리면 송금이 안 되고, 잘못해서 다른 사람에게 송금하면 취소가 어려워요.

유학생: 네, 잘 알겠습니다.

은행원: 공과금 납부도 가능하고, 휴대폰 요금도 앱에서 바로 낼 수 있습니다.

유학생: 아, 그럼 은행에 직접 오지 않아도 되네요.

은행원: 맞아요. 그리고 처음에는 이체 한도가 낮은데, 필요하면 창구에서 조정할 수 있습니다.

유학생: 네, 감사합니다.

듣기 3 Track 6

은행원: 안녕하세요. 무엇을 도와드릴까요?

유학생: 안녕하세요. 저는 유학생인데, 통장을 만들고 싶어서요.

은행원: 네, 한국에서 계좌를 처음 만드시나요?

유학생: 네, 처음이에요.

은행원: 알겠습니다. 그럼, 여권과 외국인 등록증 좀 보여 주시겠어요?

유학생: 네, 여기 있습니다.

은행원: 감사합니다. 주소는 어떻게 되세요?

유학생: 경북대학교 기숙사에 살아요.

은행원: 네, 혹시 기숙사 거주 확인서 갖고 오셨어요?

유학생: 네, 여기 있어요.

은행원: 좋아요. 휴대폰 번호 좀 말씀해 주시겠어요?

유학생: 010-234-5678이에요.

은행원: 네, 외국인이 처음 계좌를 개설하면 제한 계좌로 시작합니다.

유학생: 제한 계좌요? 그게 뭐예요?

은행원: 하루에 이체할 수 있는 금액이 제한되는 계좌예요. 일정 기간 동안 거래 실적이 쌓이면 한도를 풀 수 있습니다.

유학생: 아, 그렇군요.

은행원: 계좌가 개설되었습니다. 통장과 체크 카드 여기 있습니다.

유학생: 감사합니다.

은행원: 인터넷 뱅킹도 신청하시겠어요?

유학생: 네, 신청할게요.

은행원: 먼저 여기 서류 작성하시고요, 인증서 등록하신 후 사용 가능합니다.

유학생: 알겠습니다. 감사합니다.

제3과·우체국과 택배

듣기 1 Track 7

택배기사: 여보세요, 고객님? 지금 집 앞에 도착했는데요, 1층 공동 현관문이 잠겨 있어서요.

유학생: 아, 죄송해요. 지금 외출 중이라 집에 없거든요. 혹시 1층 현관 앞에 두고 가실 수 있을까요?

택배기사: 아, 그럼 문 앞에 두고 사진 찍어서 보내 드릴게요. 괜찮으시죠?

유학생: 네, 그렇게 해 주세요. 혹시 비가 오면 젖을 수도 있을 것 같은데 괜찮을까요?

택배기사: 비는 안 오니까 괜찮습니다. 곧 사진 보내 드릴게요.

유학생: 네, 감사합니다.

듣기 2 Track 8

직원: 어서 오세요. 뭘 도와드릴까요?

유학생: 캐나다에 있는 가족한테 소포를 보내려고요. 상자 안에는 한국 과자와 기념품이 들어 있어요.

직원: 네, 국제 소포로 보내시면 됩니다. 안에 귀중품, 배터리가 포함된 전자 제품, 액체류 등 금지 품목은 없으시죠?

유학생: 네, 그런 건 없습니다. 근데 왜 물으시는 거예요?

직원: 국제 운송 규정상 위험물이나 금지 품목이 포함되어 있을 경우 통관이 불가능해서요.

유학생: 혹시 배송은 얼마나 걸리나요?

직원: 일반 국제 소포는 2주 정도 걸리고, 국제특급우편인 EMS로 보내시면 5일 이내에 도착하지만, 요금이 더 비쌉니다.

유학생: 곧 크리스마스라서 EMS로 보낼게요. 요금은 얼마예요?

직원: 무게와 국가에 따라 다릅니다. 이 상자는 약 3킬로그램이니까 45,000원 정도 나옵니다.

유학생: 카드로 결제할 수 있나요?

직원: 네, 가능합니다. 결제 후 운송장을 작성해 주시면 됩니다.

유학생: 주소랑 이름은 영어로 써도 되나요?

직원: 네, 영어로 작성하시면 됩니다. 근데 전화번호는 반드시 국제번호로 써 주세요.

유학생: 알겠습니다. 감사합니다.

직원: 네, 접수 완료되었습니다. 여기 영수증과 운송장 번호 드릴게요. 배송 추적은 우체국 앱에서 가능합니다.

유학생: 네, 감사합니다.

직원: 안녕히 가세요.

제4과·부동산

듣기 1 Track 9

중개인: 어서 오세요. 어떤 집을 찾고 계세요?

유학생: 안녕하세요. 학교 근처에 있는 원룸을 찾고 있어요. 월세로요.

중개인: 네, 어느 학교 다니세요?

유학생: 경북대학교요. 정문에서 걸어서 15분 이내면 좋겠어요.

중개인: 그럼 이 원룸이 괜찮을 것 같네요. 보증금은 1,000만 원이고, 월세는 50만 원이에요.

유학생: 관리비도 포함돼 있나요?

중개인: 아니요, 관리비는 월 5만 원입니다. 인터넷과 수도 요금은 포함되어 있고, 전기 요금과 가스 요금은 별도입니다.

유학생: 보증금을 줄이고 월세를 조금 더 낼 수도 있을까요?

중개인: 네, 보증금을 800만 원으로 줄이면 월세는 55만 원이에요.

유학생: 괜찮네요. 계약 기간은 1년이죠?

중개인: 네, 계약 기간은 1년이고, 계약서 작성할 때 외국인 등록증이 필요합니다.

유학생: 알겠습니다. 그럼, 방을 한번 보고 결정할게요.

듣기 2 Track 10

중개인: 여기입니다. 이 집은 2층이고, 전세 보증금은 2억 원이에요.

유학생: 생각보다 넓네요. 햇빛은 잘 들어오나요?

중개인: 네, 남향이라서 오전부터 오후까지 햇빛이 잘 들어옵니다. 겨울에도 따뜻해요.

유학생: 창문이 커서 좋네요. 그런데 방음은 어떤가요?

중개인: 이 아파트 근처에 큰 도로가 없어서 주변 소음이 거의 없습니다. 층간 소음도 거의 없다고 들었어요.

유학생: 보안 시설은 잘되어 있나요?

중개인: 네, 1층 공동 현관에는 번호 키가 있고, CCTV도 설치되어 있습니다.

유학생: 도배를 한 지 오래된 거 같네요.

중개인: 집주인이 도배는 새로 해 주겠다고 했습니다.

유학생: 주차장은 따로 있나요?

중개인: 네, 지하 주차장이 있습니다.

유학생: 조건이 괜찮네요. 계약 기간은 2년이죠?

중개인: 네, 전세는 기본이 2년이에요.

유학생: 감사합니다. 가족과 상의해 보고 연락드릴게요.

듣기 3 Track 11

남자: 한국 생활은 좀 어때? 집은 구했어?
여자: 아직이야. 이번 주에 부동산에 가서 원룸을 알아보려고 해. 외국인도 전세나 월세 계약이 가능해?
남자: 물론이지! 외국인도 전세나 월세 계약을 할 수 있어. 대신 신분을 증명할 수 있는 외국인 등록증이 꼭 필요해.
여자: 아, 나 아직 등록증은 없고 여권만 있는데 괜찮을까?
남자: 계약 기간이 짧으면 여권으로도 가능하지만, 3개월 이상이면 반드시 외국인 등록증이 있어야 해.
여자: 그렇구나. 보증금은 나중에 돌려받을 수 있는 돈이지?
남자: 그럼. 계약서를 제대로 작성하고, 계약이 끝날 때까지 거주하면 보증금을 돌려받을 수 있지. 근데 확정 일자를 꼭 받아야 해.
여자: 확정 일자? 그게 뭐야?
남자: 계약서를 행정 복지 센터에 가져가서 확인을 받는 거야. 그래야 네가 그 집의 실제 세입자라는 걸 공식적으로 인정받을 수 있어. 또, 이사 후 14일 안에 주소 변경 신고도 해야 해. 그래야 나중에 문제가 생겨도 보호받을 수 있거든.
여자: 그리고 또 확인해야 할 게 있을까?
남자: 계약 전에 그 집이 법적으로 안전한지를 꼭 확인해야 해. 소유자 이름, 근저당권, 압류나 가압류 여부 이런 것도 확인해 두는 게 안전하지.
여자: 그런 걸 내가 직접 다 알아볼 수 있어?
남자: 등기부등본을 열람하면 확인할 수 있어. 부동산 중개인이 등기부등본을 보여 주면, 최근에 발급된 건지 날짜를 확인해야 돼.
여자: 어, 그걸 꼭 확인해 봐야겠다.
남자: 응, 꼭! 정리하자면, 외국인 등록증 준비, 확정 일자 받기, 집의 안전성 확인! 이 세 가지만 지키면 한국에서도 안전하게 집을 구할 수 있을 거야.

제5과 · 생활 서비스

듣기 1 Track 12

직원: 안녕하세요, 한마음클린입니다. 무엇을 도와드릴까요?
유학생: 이번 주말에 원룸으로 이사하는데, 입주 전에 청소를 맡기고 싶어요. 비용이 어느 정도 되나요?
직원: 방 크기와 상태에 따라 다르지만, 일반 원룸은 기본 청소가 18만 원부터입니다. 냉장고나 가스레인지 청소도 하시겠어요?
유학생: 네, 주방이 좀 더러워서 그 부분은 꼭 부탁드리고 싶어요.
직원: 그럼 부분 청소 추가로 계산되는데요, 총 25만 원 정도 예상됩니다.
유학생: 청소는 언제 가능할까요?
직원: 이번 주 토요일 오전과 일요일 오후에 가능합니다. 청소는 두 시간 정도 걸리고요.
유학생: 좋습니다. 그럼, 이번 주 토요일 오전으로 예약해 주세요.
직원: 네, 주소와 연락처 알려 주시면 예약 확인 문자 보내 드리겠습니다. 감사합니다.

듣기 2 Track 13

직원: 안녕하세요, 한빛이사입니다. 어떤 이사 서비스를 원하시나요?
유학생: 경북대 북문 근처 원룸에서 신암동 원룸으로 이사하려고 해요. 짐이 많지 않아서 포장 이사는 필요 없고, 운반만 부탁드리려고요.
직원: 네, 짐이 어느 정도인지 알려 주시겠어요?
유학생: 옷 다섯 박스, 책 세 박스, 책상, 의자, 싱글 침대, 소형 가전 다섯 개 정도예요.
직원: 그러면 소형 이사로 가능하겠네요. 가까운 거리라 비용은 20만 원입니다.
유학생: 혹시 다음 주 수요일 오전에 가능할까요?
직원: 네, 수요일 오전 9시에 기사님이 방문하실 수 있습니다. 다만 엘리베이터가 없거나 사다리차가 필요할 경우 추가 요금이 발생합니다.
유학생: 지금 사는 집하고 이사 갈 집 모두 엘리베이터가 있어요. 3층에서 2층으로 이사하는 거라 사다리차는 필요 없을 거 같은데요?
직원: 네, 그렇겠네요. 그리고 가전제품이나 깨지기 쉬운 물건이 있으면 안전을 위해 완충 포장을 권장드려요.
유학생: 네, 알겠습니다.
직원: 그럼, 이사 비용은 20만 원이고, 예약금 3만 원을 먼저 입금하시면 예약이 확정됩니다.
유학생: 네, 잘 알겠습니다. 입금 후에 다시 연락드릴게요.

듣기 3 Track 14

유학생: 안녕하세요. 지난주에 욕실 타일 공사를 맡겼던 사람인데요. 샤워 부스 쪽에 문제가 있어서 연

락드렸어요.

직원: 네, 댁이 어디시죠?

유학생: 대구아파트 101동 203호예요.

직원: 네, 지난주에 저희가 공사했던 곳이군요. 어떤 문제가 있으신가요?

유학생: 바닥에 고인 물이 잘 빠지지 않아요. 샤워를 하고 나면 물이 한쪽에 고여서 몇 시간 동안 그대로 있어요.

직원: 불편을 드려 죄송합니다. 혹시 사진이나 영상을 보내 주실 수 있을까요?

유학생: 네, 어제 찍은 영상을 지금 보낼게요. 보시면 배수구 쪽으로 물이 안 내려가고 고여 있을 거예요.

직원: 네, 영상 확인했습니다. 시공할 때 타일의 경사가 제대로 잡히지 않은 것 같습니다. 기사님 방문 일정 바로 확인해 보겠습니다.

유학생: 최대한 빨리 고쳐 주셨으면 좋겠는데요.

직원: 네, 내일 오후나 모레 오전 중 방문 가능할 거 같습니다. 언제가 편하신가요?

유학생: 내일 오후 2시쯤 괜찮습니다. 혹시 다시 시공할 때 추가 비용이 드나요?

직원: 아니요. 이번 건은 시공상의 하자이기 때문에 추가 비용은 없습니다. 작업은 2~3시간 정도 걸릴 수 있습니다.

유학생: 네, 알겠습니다. 감사합니다.

직원: 불편을 드려 다시 한번 죄송합니다.

제6과 · 공공 정보

듣기 1 Track 15

오늘 오전 10시 32분, 대구 북구에서 규모 3.5 지진이 발생했습니다. 진동을 느낀 경우 책상 밑으로 대피하고, 엘리베이터 이용을 삼가 주시기 바랍니다. [대구광역시]

남자: 방금 대구시청에서 보낸 문자 받았어? 지진이래.

여자: 응, 나도 받았어. 그런데 규모 3.5 지진이면 심각한 거야? 잘 모르겠네.

남자: 큰 지진은 아니지만 건물이 흔들릴 수 있어서 조심해야 해. 그래서 책상 밑으로 들어가라는 거지.

여자: 우리나라에서는 이렇게 휴대폰으로 재난 문자를 받아 본 적은 없는 거 같아. 보통은 TV나 라디오 방송으로 알려 줘.

남자: 한국은 지진이나 태풍 같은 재난 상황이 생기면 전 국민에게 바로 문자를 보내. 대구도 최근에 작은 지진이 몇 번 있었잖아.

여자: 맞아, 지난번에도 수업 중에 책상이 흔들려서 깜짝 놀랐어. 그때도 문자 받았었지?

남자: 응. 그리고 지진이 발생하면 무조건 밖으로 뛰어나가지 말고 우선 안전한 장소로 대피하는 게 중요하대. 건물 밖에서도 추가적인 사고가 일어날 수 있대.

여자: 그런데 엘리베이터는 왜 못 타게 하는 거지?

남자: 전기가 끊겨서 엘리베이터가 멈출 수 있잖아.

여자: 아, 예전에는 이런 문자 오면 무시했었는데 앞으로는 그냥 넘기지 말고 반드시 확인해야겠어.

듣기 2 Track 16

아나운서: 오늘 오전, 대구지방기상청은 금호강 수위가 급격히 상승함에 따라 범람 위험이 커지고 있다고 발표했습니다. 이에 따라 대구시는 금호강 인근 저지대 주민들에게 안전을 위해 외출을 자제하고, 필요시 가까운 대피소로 이동할 것을 권고했습니다. 또한 달서구와 북구 일부 도로는 교통이 전면 통제되고 있으며, 특히 팔달교와 산격대교 주변 구간은 차량 진입이 제한되고 있습니다. 대구시는 긴급 문자를 통해 시민들에게 교통 상황을 실시간으로 알리고 있으며, 추가 안내는 대구시청 홈페이지와 교통 정보 센터를 통해 확인할 수 있습니다. 지금까지 대구 뉴스였습니다.

듣기 3 Track 17

사회자: 오늘은 한국의 재난 문자 시스템에 대해 알아보겠습니다. 교수님, 먼저, 이 제도가 도입된 배경부터 말씀해 주시겠습니까?

교수: 네, 한국은 2000년대 이후 대형 화재, 집중 호우, 지진 등 여러 재난을 겪으면서 기존 방송이나 언론 보도만으로는 신속한 대응이 어렵다는 한계를 확인했습니다. 이러한 경험을 바탕으로 정부는 이동통신망을 활용해 전 국민에게 동시에 문자를 발송하는 '재난 문자 방송 시스템'을 도입했습니다.

사회자: 네, 지나친 인명 피해와 공공의 안전 요구가 반영된 결과군요. 그럼, 실제 효과는 어떤가요?

교수: 가장 큰 장점은 속도입니다. 문자가 발송되면 몇 초 만에 수백만 명이 동시에 정보를 받을 수 있습니다. 또 휴대폰 보급률이 높아 거의 모든 국민이 안내를 받을 수 있다는 점도 중요합니다.

사회자: 네, 그렇다면 문제점은 무엇입니까?

교수: 문자가 90자 내외로 짧기 때문에 구체적인 행동 요령을 제시하기 어렵고, 지나치게 자주 발송되면 시민들이 피로감을 느끼고 중요한 문자까지 간과할 위험이 있습니다. 또한 한국어에 익숙하지 않은 외국인들은 전문 용어나 축약 표현 때문에 내용을 제대로 이해하지 못하는 경우가 많습니다.

사회자: 앞으로 어떤 개선이 필요하다고 보십니까?

교수: 우선 다국어 지원을 확대해야 합니다. 현재 일부 영어 안내가 이루어지고 있지만, 대구에 거주하는 외국인의 비율을 고려할 때 중국어, 베트남어, 일본어 등 다양한 언어가 필요합니다. 또한 스마트폰 애플리케이션이나 SNS와 연계해 개인 맞춤형 경보를 제공하는 방향으로 발전해야 합니다. 예를 들어, 지역별 위험 요소를 선택해 본인이 필요한 정보만 받을 수 있도록 하는 것이지요.

사회자: 네, 말씀 감사합니다. 오늘은 한국 재난 문자 제도의 현황과 개선 방안에 대해 살펴봤습니다.

제7과 · 공공 기관

듣기 1 Track 18

유학생: 어제 학교에 올 때 산격4동 행정 복지 센터라는 데를 지나왔어. 백화점 문화 센터 같은 곳이야?

한국인: 하하, 아니야, 그건 공공 기관 중의 하나야. 산격4동에 사는 주민들에게 맞춤형 복지 민원 서비스를 제공하는 곳이지.

유학생: 아, 주민들이 생활에 필요한 일을 처리하러 자주 가겠네. 그럼, 행정 복지 센터보다 더 큰 기관은 뭐야?

한국인: 행정 복지 센터 위에는 구청이 있고, 그 위에는 시청이 있어. 대구에는 대구광역시청이 있거든. 거기서 대구 전체 행정 업무를 관리해. 그 아래 중구청, 동구청, 서구청, 남구청, 북구청, 수성구청이 있어. 거기서 각 구의 행정 사무를 맡아보는 거야. 니가 구청에 갈 일이 있다면 집에서 가장 가까운 북구청으로 가면 편리하겠지.

유학생: 그럼 파출소는 뭐야? 어제 팔공산에서 내려오는 길에 파출소라고 하는 곳도 봤거든. 경찰서인 것 같던데….

한국인: 파출소는 경찰서에서 경찰관을 보내서 일차적으로 경찰 업무를 처리하는 곳이야. 주로 농촌이나 주거 지역 치안을 담당해. 그리고 경북대학교 근처에 있는 복현 지구대라고 하는 곳 알아? 지구대는 경찰서보다 작고 파출소보다 큰 지역 경찰관서야. 주로 도심이나 인구 밀집 지역을 순찰하고 사건에 대응하지. 그래서 파출소나 지구대도 동네 곳곳에서 쉽게 찾아볼 수 있는, 주민들의 안전을 지켜 주는 공공 기관이라고 할 수 있어.

유학생: 아하, 그렇구나! 그럼 내가 한국에 와서 처음 간 출입국 관리 사무소도 공공 기관이지?

한국인: 맞아. 요즘은 이름이 출입국·외국인 사무소로 바뀌었어. 외국인의 체류, 등록 같은 행정 업무를 담당해. 한국에서 외국인이 자주 가는 곳 중 하나라고 할 수 있어.

유학생: 생각보다 공공 기관이 우리 생활과 가까이 있네!

한국인: 맞아. 직접 가면 편리하게 일 처리를 도와주니까 알아 두면 좋아.

듣기 2 Track 19

한국인 A: 저 오늘 시청 민원실에 갔다 왔어요.

한국인 B: 시청 민원실은 왜요?

한국인 A: 이번 방학에 일본으로 가족 여행을 가려고 하는데, 제 여권 기간 만료일이 얼마 안 남았더라고요. 그래서 재발급 신청을 하러요. 원래 구청에서도 여권을 신청할 수 있는데 회사 근처에 시청이 있어서 거기로 갔어요.

한국인 B: 해외여행 가기 전에 여권 기간 만료일을 꼭 확인해야겠네요. 저는 얼마 전에 수성구청에 갔다 왔어요. 우리 태훈이가 만 17세가 돼서 주민등록증 발급 통지서를 받았거든요. 집 근처 행정 복지 센터에서도 신청할 수 있다고 하던데, 제가 수성구청에 볼일이 있어서 가는 길에 애도 데리고 갔어요. 거기서 서류 작성하고 지문 등록하고 사진 제출하는 거 도와주고 왔어요. 처음 행정 문서 작성하는 중요한 자리라서 제가 같이 가는 게 좋겠더라고요.

외국인: 저는 지난달에 남편이랑 혼인 신고하러 중구청에 갔어요. 집 근처 행정 복지 센터로 가려다가 구청에는 아직 안 가 봐서 구경도 할 겸 중구청에서 신고했어요. 근데 직원분이 친절하게 여러 다른 업무도 알려 주셔서 출생 신고나 전입 신고도 구청에서 할 수 있다는 걸 알게 됐어요.

한국인 A: 네, 나중에 아기 낳으면 출생 신고하러 가야죠. 근데 그때는 집에서 가까운 행정 복지 센터로 가세요. 구청은 좀 멀고 사람들도 많아서 복잡하잖아요. 저는 며칠 전에 외출 중이었는데 주민 등록 등본, 가족 관계 증명서를 급히 보내야 하는 상황이었어요. 근데 다행히 근처에 행정 복지 센터가 있어서 바로 발급받아서 보냈던 기억이 나네요.

외국인: 와, 역시 한국의 행정 체계는 참 빠르고 편리하다니까요. 근데 저는 어제 경찰서 민원실에 다녀왔어요. 제가 고속도로에서 과속했나 봐요. 무인 카메라 단속에 걸려서 과태료가 부과됐거든요. 모바일 뱅킹으로 납부할 수도 있었지만, 금액이 정확한지 감면받을 수는 없는지 문의도 할 겸 직접 방문했어요. 담당자가 친절하게 설명해 줘서 금방 처리했어요.

듣기 3 Track 20

마리아: 안녕하세요? '안전한 한국 생활' 채널의 마리아입니다. 오늘은 대구경찰서 임준형 경위님을 모시고 외국인이 알아 두면 좋은 범죄 신고 방법과 예방에 대해 이야기 나눠 보겠습니다.

임 경위: 안녕하세요? 한국에서 생활하는 외국인들이 많아지면서 범죄 피해를 당하거나 목격하는 경우도 늘고 있습니다. 그래서 외국인 여러분들이 신고 절차를 잘 아는 게 중요합니다.

마리아: 그럼 외국인도 바로 112에 신고할 수 있나요?

임 경위: 그럼요. 매우 긴급한 상황에서 112는 누구나 이용할 수 있습니다. 그런데 외국인분들이 한국말을 잘 못해서 경찰 신고를 꺼리거나 주저하는 경우도 있고, 말을 할 수 없는 위기에 처해 있을 수도 있는데요. 급한 상황에서는 한국어를 몰라도 괜찮습니다. 112번을 누르고 5초 이상 아무 말을 하지 않아도 경찰은 휴대폰 위치 추적을 통해서 여러분들이 있는 위치를 파악하고 즉시 현장으로 출동하게 되어 있습니다. 또는 "살려 주세요" 같은 짧은 말만으로도 경찰이 현장으로 출동해서 도움을 드리게 됩니다. 그리고 심각한 범죄 신고 외에도 다른 범죄 피해를 당했거나 여권 같은 중요한 물건을 잃어버렸을 때, 폭행을 당했을 때, 늦은 밤 누군가 따라오는 것 같아 신변의 위협을 느낄 때 가까운 파출소나 지구대로 오시면 됩니다.

마리아: 네, 그리고 최근에는 사이버 범죄가 늘고 있는데요. 외국인들은 더 쉬운 표적이 될 수 있을 것 같습니다. 한국에서 자주 발생하는 사이버 범죄에는 어떤 것이 있을까요?

임 경위: 대표 사이버 범죄 유형 중 하나로 인터넷 사기를 꼽을 수 있는데요. 중고 거래 플랫폼이나 중고 사이트를 통해서 물건을 구입하려다가 물품 사기 피해를 보는 경우가 있습니다. 물건을 파는 척하며 돈만 받고 물건을 보내지 않거나 가짜 온라인 쇼핑몰을 만들어 결제를 유도합니다. 그러므로 우선, 중고 사이트에 개인이 저렴하게 올려놓은 물품은 여러분을 속이기 위해 허위로 올려진 물품일 수도 있으니 온라인 물품 거래는 가급적 하지 않는 것이 좋습니다. 부득이하게 중고 사이트에서 물품을 구입해야 한다면 물품 금액을 먼저 입금하지 말고 직접 만나서 물건을 확인한 후에 돈을 주는 직거래가 가장 안전합니다. 혹시 인터넷을 통한 물품 사기를 당하셨다면 사려고 했던 물품이 올려진 사이트 사진과 돈을 입금한 계좌 번호가 다 나와 있는 이체 내역을 가지고 경찰서 사이버 수사팀을 직접 방문하셔서 피해 신고를 하셔야 합니다.

마리아: 아, 네, 오늘도 한국에서 안전하게 지내는 법을 하나 더 알게 되었습니다. 다음 이 시간에 더 유익한 정보로 찾아뵙겠습니다. 감사합니다.

제8과 · 계약

듣기 1 Track 21

김 대표: 리나 씨, 오늘 근로 계약서 확인 후 서명만 하면 됩니다. 혹시 계약서 읽어 보셨나요?

리나: 네, 읽어 봤어요. 근로 계약 기간은 6월 1일부터 8월 31일까지로 되어 있네요.

김 대표: 맞아요. 단기 아르바이트니까 3개월입니다. 근무 장소는 이 매장이고요.

리나: 근무 시간은 오전 10시부터 오후 5시까지, 점심 시간은 1시부터 2시까지로 되어 있어요.

김 대표: 네, 일주일에 5일 근무, 월요일부터 금요일까지입니다. 주휴일은 일요일이고요.

리나: 시급은 10,320원 맞죠?

김 대표: 네, 맞습니다. 식대나 다른 수당은 포함되지 않고요. 급여일은 매월 25일이에요.

리나: 아, 네. 급여는 제 통장으로 입금된다고 되어 있네요.

김 대표: 맞습니다. 그리고 4대 보험은 모두 가입돼요. 회사에서 처리합니다.

리나: 네, 감사합니다. 마지막으로 확인할 부분이 있나요?

김 대표: 네, 계약서는 두 부 작성해서 한 부는 제가, 한 부는 리나 씨가 가지면 됩니다.

리나: 네, 알겠습니다. 주소를 쓰고 서명하면 되죠?

김 대표: 네, 여기 아래에 서명해 주세요.
(잠시 뒤) 네, 계약이 완료됐어요.

리나: 네, 감사합니다. 앞으로 열심히 일하겠습니다.

듣기 2 Track 22

중개인: 자, 그럼 계약서 내용을 확인하겠습니다. 주소는 대구 수성구 교학로 11길 46, 103동 3002호, 맞으시죠?

리카: 네, 맞습니다.

중개인: 임대인은 임준형 씨, 임차인은 리카 스미스 씨로 되어 있고요. 보증금은 2,000만 원, 월세는 60만 원으로 기재되어 있습니다. 확인되시죠?

리카: 네, 맞아요.

중개인: 그럼 세부 조항을 하나씩 설명드릴게요. 먼저 제2조, '임대차 기간'에 관한 내용입니다. 여기에는 집을 언제 인도하는지와 계약 기간이 언제부터 언제까지인지가 나와 있어요. 이 계약서는 집을 인도 받은 날부터 2년 동안 거주하는 것으로 되어 있습니다.

리카: 그럼, 다음 주 월요일에 이사할 수 있겠네요.

중개인: 네. 다음은 제3조, '입주 전 수리' 부분입니다. 여기에는 집을 고쳐야 할 곳이 있는지, 그리고 누가 비용을 부담하는지를 적게 되어 있어요. 이 집은 특별히 수리할 곳은 없지만, 혹시 발견되면 임대인이 수리비를 부담하기로 했습니다.

리카: 아, 네. '잔금 지급일 전까지 수리 완료'라고 적혀 있네요.

중개인: 맞아요. 잔금을 다 내기 전에 집주인이 필요한 수리를 끝내겠다는 뜻이에요.

리카: 어, 다음 제4조, '사용·관리·수선' 부분요, '임대인의 동의 없이 구조를 변경할 수 없다'고 되어 있네요.

중개인: 네, 맞습니다. 벽을 새로 칠하거나 가구를 고정·설치하는 경우에는 임대인의 허락이 필요해요. 그리고 수도나 전기 같은 주요 시설의 고장은 임대인이, 전구 교체나 청소 같은 작은 일은 임차인이 직접 해야 합니다.

리카: 네, 이해했습니다.

중개인: 마지막으로 '특약 사항'을 확인할게요. 혹시 추가로 넣고 싶은 내용이 있을까요? 예를 들어 "임대인은 임차인에게 침대, 책상과 옷장을 제공한다." 같은 내용입니다.

리카: 네, 그거 넣어 주세요. 그리고 입주 전 도배도 새로 부탁드리고 싶어요.

중개인: 네, 두 가지 모두 특약 사항에 기재하겠습니다. 자, 이제 모든 조항 확인 끝났습니다.

리카: 네, 감사합니다.

중개인: 마지막으로 아래 서명란에 도장만 찍으시면 됩니다. (잠시 뒤) 네, 계약이 완료되었습니다. 수고하셨어요. 계약서 두 부 중 한 부는 리카 씨가 보관하시면 됩니다.

듣기 3 Track 23

진행자: 안녕하세요. '현명한 소비, 안전한 계약' 시간입니다. 오늘은 결혼을 앞둔 예비 부부들이 자주 이용하는 '스드메' 계약에 대해 알아보겠습니다. '스드메'가 정확히 무엇인가요?

담당자: '스드메'는 스튜디오, 드레스, 메이크업을 묶어서 제공하는 결혼 준비 서비스입니다. 요즘은 한 업체가 이 세 가지를 한꺼번에 계약하는 패키지 상품 형태로 많이 진행합니다.

진행자: 그런데 최근 대구에서도 '스드메' 관련 소비자 상담이 늘고 있다면서요?

담당자: 네, 맞습니다. 대구·경북 지역에서도 작년보다 약 20% 정도 상담이 증가했습니다. 주요 피해 유형은 계약금을 냈는데 업체가 일방적으로 폐업하거나, 계약 내용을 구두로 바꾸고 서면에 남기지 않은 경우, 또 계약 해지 시 위약금이 과도하게 청구되는 경우입니다.

진행자: 결혼 준비로 바쁜 예비 부부들이 이런 피해를 미리 막으려면 어떻게 해야 할까요?

담당자: 가장 먼저 계약서 작성 전에 제공 내용과 가격을 구체적으로 확인해야 합니다. 촬영 횟수, 원본 파일 제공 여부, 드레스 교체 비용 같은 세부 항목을 구두로 확정하지 말고 반드시 계약서에 명시해야 합니다. 또 계약금과 잔금의 비율, 환불 기준도 꼼꼼히 확인해야 합니다.

진행자: 계약 체결할 때는 어떤 점을 특히 주의해야 하나요?

담당자: 계약서 하단에 있는 취소나 환불 규정, 위약금 조항, 업체 정보를 꼭 확인해야 합니다. 사업자 등록 번호나 대표자 연락처가 누락된 계약서는 나중에 분쟁이 생겼을 때 불리하게 작용할 수 있습니다. 또 계약 후에는 계약서 사본을 반드시 보관해야 합니다. 요즘은 사진으로 찍어 두어도 좋습

니다. 마지막으로 현금 결제보다 신용 카드 할부 거래 이용을 당부드립니다.

진행자: 오늘 말씀처럼 꼼꼼히 확인하면 피해를 예방할 수 있겠네요. 귀한 정보 감사합니다.

담당자: 네, 계약서는 서류 한 장이지만 그 안에는 소비자의 권리와 의무가 모두 담겨 있습니다. 조금만 주의하면 피해를 미리 막을 수 있습니다. 감사합니다.

제9과 · 법률과 제도

듣기 1 Track 24

사라: 안녕하세요. 비자를 바꾸려고 왔는데요.

직원: 네, 어떤 비자를 가지고 계신가요?

사라: 저는 지금 D-4 어학연수 비자예요. 대학원에 진학하려고 해서 D-2 비자로 바꾸고 싶어요.

직원: 네, 그럼 석사유학 비자 D-2-3로 변경하시면 됩니다.

사라: 어떤 서류가 필요해요?

직원: 우선 사증 발급 신청서, 여권, 사진, 그리고 수수료가 필요합니다.

사라: 네, 그 외에도 준비해야 할 게 있나요?

직원: 네, 다니려는 학교의 사업자 등록증 사본, 학교에서 발급한 표준 입학 허가서, 최종 학력 입증 서류 원본, 재정 능력 입증 서류인데, 이건 1년 치 등록금과 생활비에 해당하는 금액을 증명해야 합니다. 부모님 잔고 증명서를 제출하면 가족 관계 증명서를 추가로 제출해야 하고요.

사라: 서류가 많네요. 그럼, 그걸 어디에 제출하면 돼요?

직원: 출입국·외국인 사무소에 직접 오셔도 되고, '대한민국 비자포털'이나 '하이코리아' 사이트에서 전자 서식으로 신청할 수도 있습니다.

사라: 아, 온라인 신청이 되는군요.

직원: 네, 체류 기간은 보통 2년까지 받을 수 있고, 연장도 가능합니다.

사라: 자세히 알려 주셔서 고맙습니다.

직원: 네, 준비 잘하시고 좋은 결과 있기를 바랍니다.

듣기 2 Track 25

사라: 선생님, 제가 곧 대학교를 졸업하잖아요. 한국에서 계속 살고 싶은데 어떤 자격증을 따면 좋을까요?

선생님: 우선 '사회 통합 프로그램'을 이수하는 게 좋아요. 이 프로그램을 들으면 한국어와 문화, 법 제도 이런 것들을 배울 수 있어요. 그리고 5단계를 이수하면 F-2-7 점수제 거주 비자를 신청할 때 높은 가산점을 받을 수도 있어요. 또 영주권 신청할 때 필기시험도 면제받을 수 있는 등 혜택이 많아요.

사라: 아, 사회 통합 프로그램이 비자 발급에도 도움이 되는군요.

선생님: 네, 그리고 '토픽' 시험도 중요한 거 알죠? 특히 3급 이상이면 대학원 입학이나 취업할 때 유리해요. 토픽 점수가 있으면 사회 통합 프로그램의 레벨 테스트를 보지 않고 바로 해당 등급에 맞는 단계부터 수업을 시작할 수도 있고요.

사라: 아, 토픽 점수가 있으면 수업 시간을 절약할 수 있다는 말이죠?

선생님: 맞아요. 또 토픽 성적이 영주권 심사나 점수제 거주 비자 신청 때 평가 항목으로 들어가요.

사라: 그렇군요. 그런데 저는 졸업하고 새로운 기술도 배우고 싶어요. 그런 교육을 받을 수 있을까요?

선생님: 아, 한국인은 '국민 내일 배움 카드'를 신청해서, 직업 훈련비를 지원받으면서 교육을 받을 수 있어요. 외국인 중에서도 영주권자나 결혼 이민자, 거주(F-2), 재외동포(F-4) 비자 등 일정 체류 자격을 가진 외국인은 신청이 가능해요.

사라: 어떤 교육을 받을 수 있나요?

선생님: 컴퓨터 프로그래밍, 빅데이터, 정보 보안 같은 IT 기술 수업도 있고, 그래픽 디자인, 요리, 제빵, 미용, 바리스타, 지게차 운전, 용접 같은 직업 기술 교육을 받을 수 있어요.

사라: 그렇군요. 교육을 받은 후에 관련 자격증도 따면 좋을 것 같아요.

선생님: 네, 열심히 배운 기술을 공식적으로 인정받는 가장 확실한 방법은 '국가 기술 자격증'을 취득하는 거죠. 자격을 하나씩 쌓아 가면 체류도 안정되고, 더 많은 기회가 생길 뿐만 아니라 나중에 더 좋은 대우를 받을 수 있을 거예요.

사라: 말씀 들어 보니 한국에서의 미래가 더 밝아진 것 같은 느낌이 드네요.

듣기 3 Track 26

리사: 안녕하세요. 월급에서 보험료가 매달 빠져나가던데, 어떤 보험인지 잘 모르겠어요.

전문가: 네, 그건 한국의 4대 사회 보험 제도 때문이에요. 한국은 아프거나 일자리를 잃거나 나이가 들어서 일하지 못할 때를 대비해서 국민연금, 건강

보험, 고용 보험, 산재 보험이라는 네 가지 사회 보험을 운영하고 있어요.

리사: 아, 네. 하나씩 설명해 주실 수 있을까요?

전문가: 네, 먼저 국민연금부터 말씀드릴게요. 이건 나이가 들어 일을 못 하게 되었을 때 연금을 받을 수 있는 제도예요. 외국인도 한국에서 10년 이상 보험료를 내면 한국인과 똑같이 연금을 받을 수 있어요. 만약 고국으로 돌아간다면 '반환 일시금'이라는 제도로 그동안 낸 돈을 한 번에 돌려받을 수도 있고요.

리사: 그렇군요. 그럼 건강 보험은 어떤 건가요?

전문가: 병원에 갔을 때 진료비의 일부를 국가가 대신 내주는 제도예요. 예를 들어 진료비가 10만 원이면 본인은 3~4만 원 정도만 내고 치료받을 수 있어요. 또 약값도 할인받고 2년에 한 번씩 국가에서 제공하는 무료 건강 검진을 받을 수 있답니다. 모든 국민은 건강 보험에 가입해야 하는데 직장 가입자와 지역 가입자로 구분되고요. 6개월 이상 장기 체류한 외국인은 지역 가입자에 해당돼서 자동으로 가입되고 건강 보험료를 납부하게 되지요.

리사: 아, 그래서 병원비가 생각보다 저렴했군요.

전문가: 네. 다음은 고용 보험이에요. 일을 하다가 회사를 그만두게 되었을 때 일정 기간 실업 급여를 받을 수 있어요. 또 새로운 기술을 배우거나 직업 훈련을 받을 때 일부 비용을 지원받을 수도 있죠.

리사: 외국인도 그런 혜택을 받을 수 있나요?

전문가: 네, 한국에서 일정 기간 근무하고 보험료를 낸 외국인이라면 받을 수 있어요. 그런데 본인이 스스로 일을 그만둔 경우에는 실업 급여가 지급되지 않아요.

리사: 마지막으로 산재 보험은 어떤 경우에 필요한가요?

전문가: 일하다 다치거나 병에 걸렸을 때 치료비와 휴업 급여를 받을 수 있는 보험이에요. 이 보험은 100% 회사가 부담하니까 본인 월급에서 빠지지 않아요. 외국인 근로자에게도 해당되니까 만약 근무 중 사고를 당했다면, 병원에서 치료를 받고 회사에 즉시 알리세요.

리사: 네 가지 모두 근로자에게 꼭 필요한 제도네요.

전문가: 맞아요. 이 네 가지 보험 덕분에 외국인 근로자도 한국에서 안정적으로 생활할 수 있어요. 어려운 일이 생겼을 때 도움을 받을 수 있으니까 꼭 가입 상태를 확인해 두세요.

리사: 네, 덕분에 확실히 이해됐어요. 감사합니다!

제10과 · 복지와 교육

듣기 1 Track 27

후안: 아룬 씨, 일요일마다 어디 가요?

아룬: 저는 외국인 근로자 지원 센터에 가요.

후안: 거기서 뭘 하는데요?

아룬: 센터에서는 무료 상담을 받을 수 있어요. 출입국, 체류 관련 상담, 노동 관련 상담 등 모르는 거 있으면 다 물어볼 수 있어요. 게다가 심리 상담도 해 주고, 통역도 도와줘요.

후안: 오, 통역까지요?

아룬: 네, 그리고 무료 한국어 수업이랑 컴퓨터 교육도 있어요. 저는 지금 한국어 중급반 수업을 듣고 있어요. 그리고 지난주에는 도로 교통법 특강도 해줬어요. 저에게 제일 유익했던 수업은 산업 안전 보건 교육이었어요. 생명과 직결되잖아요.

후안: 교육 말고 다른 것도 있어요?

아룬: 네, 매주 일요일 오후 3시부터 6시까지 한의사 선생님이 오셔서 무료로 진료도 해 주세요. 아, 매월 셋째 주 일요일에 가면 무료 이발 서비스, 손 마사지 서비스도 받을 수 있고요.

후안: 정말 좋네요!

아룬: 아, 제가 제일 좋아하는 공간은 9층에 있는 다문화 카페인데요. 탁구대와 당구대가 있어서 친구들이랑 이야기도 하고 당구도 쳐요. 그리고 가끔 아시안 스마일 페스티벌, 한국 문화 탐방 같은 문화 행사도 열려요.

후안: 와, 그런 곳이 있는 줄 몰랐어요. 다음 주말에 저도 같이 가도 돼요?

아룬: 좋아요. 그런데 토요일에는 문을 닫으니까 우리 일요일에 가요!

듣기 2 Track 28

기자: 센터장님, 다문화 가족 지원 센터에서는 어떤 일을 하고 있나요?

센터장: 저희 센터는 다문화 가족이 한국 사회에 안정적으로 정착하고 행복한 가정을 이룰 수 있도록 다양한 프로그램을 운영하고 있습니다.

기자: 구체적으로 어떤 지원이 있습니까?

센터장: 먼저, '다문화 가족 자녀를 위한 언어 발달 지원 사업'이 있는데요. 다문화 가정의 영유아와 초등학교 자녀를 대상으로 언어 발달 상태를 평가하고 필요한 경우 적절한 언어 교육을 실시합니다.

기자: 프로그램은 모두 센터에서 진행되나요?

센터장: 아, 아니요. '다문화 가족 방문 교육 사업'도 진행하고 있는데요. 센터 방문이 어려운 다문화 가족을 대상으로 전문가가 가정을 방문해서 한국어 교육, 부모 교육, 자녀 생활 서비스 등을 지원합니다.

기자: 또 어떤 사업을 진행하시나요?

센터장: 네, '이중 언어 가족 환경 조성 사업'이라고 해서, 다문화 가족 자녀가 어릴 때부터 부모의 모국어를 자연스럽게 사용하면서 부모의 언어와 문화를 존중하고 이중 언어 사용이 가능한 글로벌 인재로 성장하도록 지원하는 사업도 합니다.

기자: 지역 사회와의 관계도 중요한데요.

센터장: 그렇습니다. '다문화 가족 교류·소통 공간 지원 사업'으로, 지역 주민과 다문화 가족이 함께 어울리며 문화를 나누는 장을 마련하고 있습니다.

기자: 결혼 이민자를 위한 다른 지원도 있나요?

센터장: 네, '결혼 이민자를 위한 통번역 서비스 사업'을 실시하고 있습니다. 한국말이 서툰 결혼 이민자의 의사소통을 지원하기 위해 통번역 서비스를 제공하고 있지요. 또 '결혼 이민자 취업 지원 사업'이 있어서 운전면허 대비반, 캘리그라피 자격 취득반 등도 운영하고 있습니다.

기자: 아, 네. 다문화 가족 지원 센터에서는 정말 다양한 지원이 이루어지고 있네요. 앞으로도 많은 가족이 도움을 받을 수 있길 바랍니다.

듣기 3 Track 29

캐스터: 오늘은 제27회 세계 외국인 한국어 말하기 대회에서 대상을 받은 와드 학생과 지도 교사인 김은진 선생님과 이야기 나눠 보겠습니다. 안녕하십니까?

와드/선생님: 안녕하세요?

캐스터: 네, 먼저 시청자 여러분들에게 소개 부탁드립니다.

와드: 안녕하세요? 저는 수단에서 온 와드입니다. 현재 고등학교 2학년이고요. 여러분들께 인사드리게 되어 정말 기쁩니다.

캐스터: 네, 선생님도 간단한 자기소개 부탁드립니다.

선생님: 안녕하세요? 국어 교사 김은진입니다.

캐스터: 네, 와드 학생에게 먼저 질문하겠습니다. 수단에서 어떻게 여기에 오게 되신 건가요?

와드: 저는 2015년 7살 때 처음 한국에 왔고 아버지 직장 때문에 가족이 다 함께 오게 되었어요. 또한 한국이 교육 수준이 높다고 들어서 자연스럽게 정착하게 되었습니다.

캐스터: 김은진 선생님, 학교에는 다문화 가정의 학생들이 많은가요?

선생님: 현재 3학년에 8명, 2학년에 9명 그리고 1학년에 10명으로 총 27명이 있고요. 점점 증가하는 추세입니다.

캐스터: 네. 와드 학생, 이번 대회에서 대상을 받을 수 있었던 이유가 있을까요?

와드: 제 생각에는 대회의 주제에 맞게, 제가 전하고 싶은 내용을 솔직하게 표현했던 게 가장 큰 이유인 거 같습니다. 또한 그동안 쌓아 온 한국어 실력이 바탕이 되어서 제 경험을 듣는 사람들에게 잘 전달했던 게 가장 큰 점수를 받은 거 같아요.

캐스터: 지금 이렇게 얼핏 듣기만 해도 한국어를 정말 잘하는데 선생님께서는 어떻게 도움을 주셨는지요?

선생님: 어, 와드 학생은 이번 대회를 준비하면서 이 한국인들만 느낄 수 있는 한, 흥, 정과 같은 단어들을 좀 어려워했어요. 그 부분에 대해서 제가 학생의 상황에 맞게, 눈높이에 맞게 설명해 준 점이 좀 도움이 되지 않았나 싶습니다.

캐스터: 그럼에도 불구하고 모든 친구가 와드 학생처럼 한국어를 잘하기는 어려울 것 같기도 한데 학교에서 따로 한국어 강습 프로그램 같은 게 진행이 되나요?

선생님: 네, 학교에서 방과 후 프로그램으로 다문화 친구들에게 학습 프로그램을 제공하고 있는데요. 한국 학생들과 다르게 친구들이 단어나 아니면 관용어구 또는 문학 작품, 긴 글을 자기만의 글로 만드는 요약하기, 이런 식의 수업을 진행하고 있습니다.

캐스터: 굉장히 높은 수준의 교육이 진행되고 있는 것 같습니다. 와드 학생에게 궁금한 점이요, 한국어가 어렵진 않았는지 가장 힘든 건 어떤 점이었는지 궁금합니다.

와드: 네, 처음에는 정말 어려웠습니다. 한 단어에 여러 가지 뜻이 있어서 상황에 맞게 사용하는 게 처음에는 정말 많이 헷갈렸던 것 같습니다. 예를 들어 '풀다'라는 단어가 있잖아요. '신발 끈을 풀다', '긴장을 풀다' 등 상황에 맞게 다르게 써야 된다는 게 저에게는 많이 어려웠습니다.

캐스터: 이렇게 한국어 배우기를 어려워하는 외국인들이 굉장히 많은데 한국어를 공부할 때 와드 학생만의 비법이 있다면 전수해 주시죠.

와드: 어, 한국어를 어쩔 수 없이 사용해야 되는 상황을 만드는 게 가장 중요한 것 같습니다. 예를 들어,

한국어가 많이 포함된 취미를 가진다든가 친구들과 한국어를 많이 사용하는 게 정말 중요했던 거 같습니다.

캐스터: 네, 좋습니다. 그럼 마지막으로 질문드리겠습니다. 선생님, 다양한 국적의 학생들이 한국어를 구사할 수 있게끔 학교에서의 노력도 굉장히 중요할 것 같은데 학교에선 어떤 계획을 가지고 있는지도 알려 주시죠.

선생님: 음, 점점 다문화 학생들이 많아지면서, 학생 모두가 수업에서 자연스럽게 질문하고 대화할 수 있도록 분위기를 형성하는 것과 학생들이 서로 협력하여서 활동하는 것이 가장 중요하다고 생각합니다. 그래서 현재 저희 학교에서는 제가 운영하고 있는 다문화 동아리를 통해서 그 친구들이 뮤지컬을 함께 만들고 있습니다. 거기에서 대본을 쓰고, 연기하고, 노래하며 협력하는 과정이 서로의 문화를 이해하는 데 큰 도움이 되는 것 같아서 앞으로도 이 외에 다른 프로그램을 계획하고 있습니다.

캐스터: 네, 오늘 말씀 고맙습니다.